思想的・睿智的・獨見的

經典名著文庫

策劃　楊榮川

五南圖書出版公司 印行

經典名著文庫

學術評議者簡介（依姓氏筆畫排序）

經典名著文庫005

童年的祕密

蒙特梭利 著
（Maria Montessori）
梁海濤 譯

經典永恆・名著常在

五十週年的獻禮・「經典名著文庫」出版緣起

總策劃 

閱讀好書就像與過去幾世紀的諸多傑出人物交談一樣——笛卡兒

五南，五十年了。半個世紀，人生旅程的一大半，我們走過來了。不敢說有多大成就，至少沒有凋零。

五南忝爲學術出版的一員，在大專教材、學術專著、知識讀本出版已逾壹萬參仟種之後，面對著當今圖書界媚俗的追逐、淺碟化的內容以及碎片化的資訊圖景當中，我們思索著：邁向百年的未來歷程裡，我們能爲知識界、文化學術界做些什麼？在速食文化的生態下，有什麼值得讓人雋永品味的？

歷代經典・當今名著，經過時間的洗禮，千錘百鍊，流傳至今，光芒耀人；不僅使我們能領悟前人的智慧，同時也增深加廣我們思考的深度與視野。十九世紀唯意志論開創者叔本華，在其〈論閱讀和書籍〉文中指出：「對任何時代所謂的暢銷書要持謹慎的態度。」他覺得讀書應該精挑細選，把時間用來閱讀那些「古今中外的偉大人物的著作」，閱讀那些「站在人類之巔的著作及享受不朽聲譽的人們的作品」。閱讀就要「讀原著」，是他的體悟。他甚至認爲，閱讀經典原著，勝過於親炙教誨。他說：

> 「一個人的著作是這個人的思想菁華。所以，儘管一個人具有偉大的思想能力，但閱讀這個人的著作總會比與這個人的交往獲得更多的內容。就最重要的方面而言，閱讀這些著作的確可以取代，甚至遠遠超過與這個人的近身交往。」

爲什麼？原因正在於這些著作正是他思想的完整呈現，是他所有的思考、研究和學習的結果；而與這個人的交往卻是片斷的、支離的、隨機的。何況，想與之交談，如今時空，只能徒呼負負，空留神往而已。

三十歲就當芝加哥大學校長、四十六歲榮任名譽校長的赫欽斯（Robert M. Hutchins, 1899-1977），是力倡人文教育的大師。「教育要教眞理」，是其名言，強調「經典就是人文教育最佳的方式」。他認爲：

「西方學術思想傳遞下來的永恆學識，即那些不因時代變遷而有所減損其價值的古代經典及現代名著，乃是眞正的文化菁華所在。」

這些經典在一定程度上代表西方文明發展的軌跡，故而他爲大學擬訂了從柏拉圖的《理想國》，以至愛因斯坦的《相對論》，構成著名的「大學百本經典名著課程」。成爲大學通識教育課程的典範。

歷代經典・當今名著，超越了時空，價值永恆。五南跟業界一樣，過去已偶有引進，但都未系統化的完整舖陳。我們決心投入巨資，有計劃的系統梳選，成立「經典名著文庫」，希望收入古今中外思想性的、充滿睿智與獨見的經典、名著，包括：

- 歷經千百年的時間洗禮，依然耀明的著作。遠溯二千三百年前，亞里斯多德的《尼各馬科倫理學》、柏拉圖的《理想國》，還有奧古斯丁的《懺悔錄》。
- 聲震寰宇、澤流遐裔的著作。西方哲學不用說，東方哲學中，我國的孔孟、老莊哲學，古印度毗耶娑（Vyāsa）的《薄伽梵歌》、日本鈴木大拙的《禪與心理分析》，都不缺漏。
- 成就一家之言，獨領風騷之名著。諸如伽森狄（Pierre Gassendi）與笛卡兒論戰的《對笛卡兒沉思錄的詰難》、達爾文（Darwin）的《物種起源》、米塞斯（Mises）的《人的行爲》，以至當今印度獲得諾貝爾經濟學獎阿馬蒂亞·森（Amartya Sen）的《貧困與饑荒》，及法國當代的哲學家及漢學家朱利安（François Jullien）的《功效論》。

梳選的書目已超過七百種，初期計劃首爲三百種。先從思想性的經典開始，漸次及於專業性的論著。「江山代有才人出，各領風騷數百年」，這是一項理想性的、永續性的巨大出版工程。不在意讀者的眾寡，只考慮它的學術價值，力求完整展現先哲思想的軌跡。雖然不符合商業經營模式的考量，但只要能爲知識界開啓一片智慧之窗，營造一座百花綻放的世界文明公園，任君遨遊、取菁吸蜜、嘉惠學子，於願足矣！

最後，要感謝學界的支持與熱心參與。擔任「學術評議」的專家，義務的提供建言；各書「導讀」的撰寫者，不計代價地導引讀者進入堂奧；而著譯者日以繼夜，伏案疾書，更是辛苦，感謝你們。也期待熱心文化傳承的智者參與耕耘，共同經營這座「世界文明公園」。如能得到廣大讀者的共鳴與滋潤，那麼經典永恆，名著常在。就不是夢想了！

二〇一七年八月一日 於

五南圖書出版公司

導讀——重新再發現「童年」更多的祕密

亞洲大學幼兒教育學系講座教授
臺北市立大學幼教系前教授兼系主任
盧美貴

蒙特梭利（D. M. Montessori, 1870-1952）出生於羅馬的一個宗教家庭，一八九六年畢業於羅馬大學，是義大利女性榮獲醫學博士的第一人。畢業後曾在羅馬大學附屬精神病院擔任助理醫師，一八九八年任職國立特殊兒童學校校長。針對智能不足的教育先驅伊達（M. G., Itard）、塞根（E. Segnine）等著作頗有深入的研究。一八九八年在義大利杜林（Turin）的教育會議，以智能不足兒童教育爲題，發表一篇頗具深度且受歡迎的專題演講。一九〇七年奉羅馬政府委派創設「兒童之家」，這是一所從觀察兒童自由活動中進行教育的試驗，進而產生新的教育思想。這種名之爲「科學教學法」，後來漸被各國稱之爲「蒙特梭利教學法」，《蒙特梭利博士手冊》的出版，便是爲了詳述其教學法試驗的實施步驟。

一九三九年此時年已六十九歲的蒙特梭利，其事業及學術正値登峰造極之時，但因不滿法西斯政府的專斷行事而避居印度，《童年的祕密》（*The Secret of Childhood*）一書便是此一時期的偉大之作。書中指出教育應認識兒童內在尚未顯見的能力寶典，這和近代維高斯基（Vygotsky, 1978）認爲教育是引導發展，他發現幼兒的腦細胞在「最近發展區」（Zones of proximaldevelopment, ZPD）可以因成人的指導和能力較佳的同儕互動合作下，提升得以解決問題的能力水平。兩位學者相距百年，所提見解與論述發現卻不謀而合，這不得不令我們佩服蒙特梭利做學問與研究的實事求是，稱她爲「幼兒科學教學創始人」是當之無愧的。

我常在想：近百年來，如果老師與家長，甚至一般大人都能對蒙特梭利《童年的祕密》加以眞正的了解與實踐，今日的人類社會，以及親子和師生間的教育，會是什麼樣的一個樣貌？

《童年的祕密》出版，宛若教育界的「彗星」一掃以往傳統看待幼兒的觀念與包袱。教育的改革任憑是方的或圓形般的，在外圍吶喊或旋轉花樣之巧（Back to Magic），若不能眞正觸發到對生命的感動，重現回歸幼兒本質（Back to Basic）並賦予其意義，則一切的變革都會是事倍功半甚至徒勞無功。

《童年的祕密》揭櫫幼兒本質的樣貌，梁海濤的譯文不僅是根據最近一次義大利文版的內容，也增加了蒙特梭利該書葡萄牙文版所補充的新內容，全書共分成三篇四十八章，以前自己的研讀、教學與辨理多次有關蒙特梭利的研討會，此次蒙五南楊榮川董事長的厚愛，以及陳念祖副總編輯邀我寫導讀，讓我有機會再研讀和細究，實受益匪淺，感動與省思之餘，整理下列心得與各位分享，也聊表對海濤先生用心與眞知灼見的敬意：

想像世界：孩子的世界，是個探索與好奇的世界。在那兒，希望和夢想都成眞的一樣，在那兒，小貓兒、小狗兒，都眞的能感受也能言語……。小孩子的世界是什麼呢？他的世界裡，小老鼠可以變成駿馬、南瓜可以變成馬車、灰姑娘可以變成公主；他可以使一無所有變成無所不有，藉一寸光陰把握永恆……。

秩序感：兒童的秩序是童年時期最重要也是最神祕的敏感期之一。這種強烈的秩序感從一歲就表現無遺，並一直持續到兩歲、三歲……。孩子天生具有強烈的「秩序感」，孩子需要有固定的作息與生活規律來引領他的生活方向，他需要生活在一個有次序的環境裡。混亂的世界會帶給他們極度的不安，他甚至會因爲一件東西放錯了位置而吵鬧不休。本書裡有著你我周遭經常發生、卻往往被我們視爲荒誕怪異的童年個案，頗值得我們細看觀察與玩味、細看與體悟。

反覆探索與練習：孩子是靠行動來學習的，大人可以透過閱讀、眼觀或耳聞的方式來學習新知，而孩子卻得靠實際行動來理解世界，甚至獲得所知。

「反覆練習」是孩子學習成長重要的途徑之一。孩子常常會不斷重複一些動作或活動，藉此熟悉這些事務，有時他也會反覆去做一些令他覺得新奇有趣的事情。對孩子而言，能夠去「做」某些事，能夠「策動」某些事，以致能「掌握」自己的世界，都會是讓他興奮不已的「大事」！細看本書中有關孩子的天賦本能、行走、重複練習、自由選擇，或支配慾等篇章，相信您會再細思與感動幼兒的每一個行動。

現在進行式的生活與學習：小孩子的生活步調比我們大人慢多了，他無法像大人般掌握時間概念，他不知道緩急輕重，他也不能像我們大人一樣的計畫未來；他的生活沒有過去式，也少有未來式，他的生活和學習裡只有「現在進行式」。孩子是自我中心的，了解別人和體貼別人是閱歷年數後培育出來的能力，是經歷時間洗鍊和大人「愛」與「榜樣」學習的結果。

敏感期：孩子成長中有許多的「關鍵期」，在這重要時段，他最容易打開心門吸收，掌握某些特定能力。每個孩子都有成長的關鍵期，只是出現的階段略有不同。大人們必須察覺這些敏感時刻，適時的給予他們協助，讓他們在最佳的狀態下，學得各種技能與概念。

否定期：人生的第一個六年，大多數的幼兒都會經歷過一個否定期；在此時期，他們往往會拒絕一切成人的暗示、要求與命令，甚至做些相反的事情。二、三歲是幼兒試著自我認識與誇耀的年齡，他藉著動作能力的進展表示自己的主張，同時開始產生維護主張的力量和所有權的萌芽，在和大人執拗的過程裡表現無遺。三、四歲爭辯與吵鬧的行爲隨時可見，此時別人的玩具或別人的東西，似乎比自己的更具吸引力。四、五歲幼兒好奇的每事問，他任自己的發展、不斷的觀察和汲取，他的想像力在奔騰著。到了六、七歲，模仿與探索世界上的每個人事物，他開始獨立思考，而且也具更深、更豐富的想像力了。

愛與榜樣：父母的使命與教師專業的準備呼應了新教育改革的任務了嗎？孩子是個電動小馬達，是個以動手作來完成工作的小精靈，我們提供了他們各種探索的環境與動手操作的機會，以滿足他們天賦本能的發展嗎？

蒙特梭利在教學的過程中，發現孩子有強烈探索環境與周遭一切的本能，這種生命的衝動，促使孩子從日常生活中學習並發展自我。提供孩子自我學習的先決條件，便是給孩子一個良好的學習環境，有專門的知識引導和豐富的學習內容，這種源於自我法則的學習方式，使孩子成爲教育的中心，容許孩子個別學習與和諧的工作，在朋友間互信、互助與相互敬重。近百年來，蒙特梭利無論其教育理念或兒童之家的日常生活練習、感覺教育、算術教育、語言教育和文化教育所創發的教具等，至今仍無人能出其左右。一代宗師對幼兒和特殊教育的影響是值得我們後人在敬佩與深入了解之餘，同時也得提醒自己在日常生活中加以體悟、運用和實踐。蒙特梭利對教育的影響說明如下：

1. 強調幼兒自動學習的實踐力

蒙特梭利反對藉禁止的命令或教條強迫兒童做任何的學習，也反對傳統大班級和齊一的教學。她不僅以生理、心理、生物學和醫學爲根據，並以自然科學的精神佐證其研究的方法。她以自由、自動爲其哲學的基礎，強調兒童的身心具備內在發展的潛能，教育的主要目的在如何依幼兒的內在本質與興趣開發其潛能、因此她強調教育應以幼兒自由活動和自我發展爲目的。

2. 重視日常生活教育及其訓練

蒙特梭利爲了達成上述培養兒童的自由與獨立學習，特別提出訓練幼兒身體各部位動作協調的教具與活動步驟、培養幼兒能照顧自己、照料四周環境以及善於待人接物，「兒童之家」豐富而有計畫的學習課程和內容由此可見。

3. 自創教具與蒙特梭利教學法

蒙特梭利教學法及其教具在歷經百年之後，仍爲世界各國在實施兒童教育尤其個別化教學所用，蒙特梭利教育在尋求一個比大班級教學更好與更具人性的方式是很令人動容與感佩的。這對臺灣近年來所實施的開放教育和理念學校，以及學習者爲主體的翻轉教育，有著莫大的影響與啓示。

4. 注重五感教育的訓練與養成方法

視覺、聽覺、味覺、觸覺與嗅覺的五感教育，是教育部近年來倡導「美感從幼起、美力終生學」的教育主軸，這也是當年蒙特梭利創建「兒童之家」的課程與幼兒的學習內容。我們從「兒童之家」環境三要素的內容來看，蒙特梭利對於「物的環境條件」、「人的環境條件」和「教育內容的條件」中，力求身體的平衡、精神上的平衡、兒童之間相互學習、尊重每位兒童的能力與自發性，以及養成兒童的責任感和提供可以自我學習與訂正反思開放而溫馨接納的環境等，兒童律己的修養和待人處事的社交行爲，以及對社會人文和自然環境的關心，今日兒童教育出現的問題，蒙特梭利的教育方法與實踐步驟顯然是有跡可循的。

海濤先生在譯者的序言寫道：隨著科學與醫學的進步，一場促進兒童生理和心理健康的社會變革正在蓬勃發展。那麼，兒童是誰？兒童與成人以及和社會的關係如何？海濤先生想要解題的也正是我們所要探尋的答案。蒙特梭利從生理學、心理學、社會學和教育學等各方面為我們揭示童年的祕密，作為父母和教師的我們，如果我們承認幼兒是一個具有生命力與能動力的主體，那麼這個主體自存在以來，就能與環境進行各種互動，我們便不能忽視這個互動對孩子產生的意義，以及孩子有能力與環境之間所做的各種交流與回應。幼兒和成人之間的權力關係是流動的，幼兒不只是被對待、被分類的客體，而是具有權力和能動力的「主體」。踏著蒙特梭利的腳步，讓我們再細看幼兒，重新再探索——童年將會有更多、更豐富的祕密，讓您我再發現與再詮釋……。

譯者序言

瑪麗亞·蒙特梭利（Maria Montessori, 1870-1952），醫學博士、醫師，是世界著名的兒童教育家，被譽為「我們期待教育和世界和平的偉大象徵」，也是「二十世紀贏得歐洲和世界承認的、最偉大的、科學的和進步的教育家之一」。一九〇七年，蒙特梭利在羅馬貧民區聖洛倫索開設了第一所「兒童之家」，在兒童教育學領域獨樹一幟，創立了蒙特梭利教育體系，從一個全新的視角和觀念掀起了一場兒童教育的革命。蒙特梭利的足跡遍及世界各地，她的兒童教育理論和方法超越了不同地域、民族、宗教和社會狹隘的界限，受到了世界各國普遍的關注和積極的評價。她的教育著作被翻譯成各種語言，在世界五大洲傳播，以蒙特梭利命名和採用蒙特梭利教育法的學校迅速普及和推廣，成為二十世紀兒童教育方面一個極其獨特的現象。一九三六年出版的《童年的祕密》是蒙特梭利最為著名和流傳較廣的一部教育名著。

二十世紀初，隨著科學——特別是醫學的進步——一場促進兒童生理和心理健康的社會變革蓬勃發展，人們開始更重視兒童的早期發育、衛生健康和心理成長。那麼，兒童是誰？兒童與成人和社會的關係如何？重視兒童就要研究和發現兒童。蒙特梭利從生理學、心理學、社會學和教育學的角度爲我們揭示了童年的祕密。兒童是生命之源，是人類社會發展的原動力。「兒童是成人之父」，「現在應該開始重新『了解你自己』」。蒙特梭利讓我們得以更深刻地了解和理解兒童，在尊重兒童和理解兒童的基礎上，爲兒童創造屬於他們自己的「超自然」環境，使兒童在生理和心理上獲得正常化的發展，並在幫助兒童正常化發展的過程中，展開兒童教育。

從生理學和心理學出發，蒙特梭利認爲：「兒童擁有主觀的心理生活。」「嬰兒自出生起就有眞正的精神生活」，靈魂的胚胎肉化成人，是屬於「成長發育過程中，心理和生理的行爲」。嬰幼兒不僅有各種潛意識的本能，還有自然天賦的成長發育的心理圖譜，有工作本能和學習的自主意識。因而，「人有天生的行爲自由，需要特別營造」。爲兒童自然和自主的心理塑造，必須營造適合的環境，才能使兒童得到正常化的發展。否則，在兒童身上將出現心理扭曲和偏離，造成各種各樣並影響到成人階段的心理障礙和疾病。「只有讓兒童生活在一個自由的環境裡，進行正常化的活動，他們身上很多的疾病和病態才能夠消失。」

因此，在「超自然環境」和社會關係上，蒙特梭利指出，兒童長期「受到成人的壓抑」，兒童與成人衝突的原因在於成人的自以爲是和「先驗」正確，兒童在不斷地進行抗爭。「成人拒絕接受兒童的心靈，替代了兒童。成人沒有意識到，他們在用無益的幫助和暗示吹動兒童的心靈之燈並最終把它熄滅」，「成人對待兒童有一種特殊的虛僞。成人用犧牲兒童的需要來滿足自己的需要，對此，成人不敢承認，因爲它是無法容忍的」，「成人與兒童衝突造成的後果可以在人的一生中無限地擴展，它如同將石子投入平靜的水面後泛起的層層漣漪。」蒙特梭利以熱愛兒童之情大聲疾呼：「父母不是兒童的建設者，而是守護者。……父母應該像大自然般純淨地賦予他們心中的愛，理解這種愛是意識裡最深厚的感情，不應該受到自私或懈怠的影響。」「忽視和忘卻兒童的權利，折磨和踐踏兒童，無視兒童的價值、權利和本性，應該引起全人類最強烈的反對。」

要正確對待兒童，變革是必然的。需要改變父母、家長和教師的觀念，總而言之，要改變成人的觀念，樹立以兒童爲中心的教育思想。蒙特梭利在著作中闡述了她的兒童教育觀，其中一個核心就是必須營造適宜的，而且是屬於兒童的環境。她主張「教育要從出生時抓起」；「滿足未成熟兒童的需要，放棄自己的要求，順應他們的要求，這就是成人應該做的事情」，「我們對兒童教育的一個核心特點就是注重環境」；「應該爲『兒童的心靈得到解放』創造極爲有利的環境，應該消除所有抑制他們行動的障礙」；「眞正新型的教育就是：首先發現兒童，實現對兒童的解放」；「教育的目的應該是爲了保護和扶植兒童，幫助兒童的成長。」教師要做好精神準備，「教師要發自內心地摒棄發怒和傲慢的心理，應該知道謙卑和心懷仁愛……這些並不意味著教師應該放縱兒童的所有舉動，完全放棄對兒童的評判，並且忽視兒童智力和情感的發展。相反地，他們應該始終牢記自己是教師，他們的使命就是教育。」

兒童代表著未來，對於社會、文明和人類的進步都是至關重要的。爲兒童的成長和教育不懈努力地工作，意味著不斷探索和發現人類的祕密。蒙特梭利發現了兒童時期的祕密，她把這個祕密告訴了世界。或許，我們之中仍有許多父母和教師還不知道這個祕密，這也是翻譯這本書的目的。

此版《童年的祕密》是根據最近一次義大利文版的內容翻譯，該版增加了瑪麗亞．蒙特梭利根據該書葡萄牙文版所補充的新內容。因此，這個譯本的內容可以說是《童年的祕密》的全譯本。

譯文中可能出現的錯誤，如能蒙各位讀者指出，當不勝感謝。

梁海濤

於義大利

目次

第一篇

第一章　兒童的世紀

短短幾年裡，兒童保育和兒童教育方面出現快速驚人的進步，不僅僅是因爲生活方式的變革，更與思想的覺醒密切相關。不僅是因爲十九世紀九〇年代兒童衛生保健的進步，更因爲相關研究對兒童特性有更深刻的理解。

如今，如果不重視和了解兒童的生活，就不可能深入地研究醫學、哲學或社會學的各門學科。

一個簡單的比喻就是胚胎學對所有生物科學，甚至是人類進化的影響。必須承認，兒童研究的影響遠比人類反映的其他所有問題影響更大。

不是生理意義上的兒童，精神意義上的兒童爲人類的發展提供了強大的原動力。是「兒童的精神」決定了人類未來可能的進步。

瑞典作家和詩人艾倫．凱早已預言，我們的世紀將是「兒童的世紀」。

如果人們耐心查閱歷史文獻，就會無不巧合地發現，義大利國王維托里奧．伊曼紐三世在一九〇〇年（世紀之交）因其父親遇害而繼承王位時，他加冕的第一次講話中也表達了同樣的思想。在講到新世紀新時代到來的時候，他就把它稱爲「兒童的世紀」。

或許，這些近乎預言般的表述反映出科學研究所揭示的問題，十九世紀九〇年代，苦難中的兒童在傳染病的肆虐中死亡，遠遠高於成人的十倍；兒童在學校遭受責罰。

然而卻沒有人看到，兒童本身隱藏著一個生命的祕密，它能夠揭開人類靈魂神祕的面紗，雖然未知，但它卻能幫助成年人解決個人和社會的問題。這種看法可以成爲對兒童研究的新的科學根基，其重要性可以影響到人類的社會生活。

兒童和心理分析

心理分析探尋潛意識中的祕密，開啓了一個過去未曾知曉的研究領域，雖然它無法解決所有困擾現實生活的問題，但卻能夠幫助理解兒童內在的表現。可以說，心理分析超越了在心理學中曾被認爲無法超越的意識表象，如同古代神話故事中的海克力斯神柱，神話中它代表著走向神柱之外的世界邊緣。

心理分析超越了這一切，它探入潛意識的海洋。如果沒有心理分析的發現，就很難想像精神意義上的兒童對深入研究人類問題所做的貢獻。

眾所周知，心理分析在原理上是一種治療精神病的新方法，因此它最初是醫學的一個分支。但是，心理分析學眞正傑出的成就，卻是發現潛意識對人類行爲的支配能力。它近乎是一種深入意識的背後，對心理反應的研究，解答那些完全與陳舊思維相反的、內在潛藏的事實和意想不到的現實。因此，心理分析展示了一個巨大未知世界的存在，而且可以說，這個未知世界與個人的命運緊密相連。但是心理分析沒有解說這個未知世界，它僅僅邁出海克力斯神柱，卻沒有暢遊遼闊的海洋，就像希臘預言一樣，只給予了人們一種啓示，它也使佛洛伊德將心理分析侷限於病理學的範疇。

早在十九世紀夏爾科[①]的時代，人們就在精神病學領域談到了潛意識。

由於混亂複雜因素的內在沸騰，需要透過表面尋找出路，潛意識就此為它打開了一個通路。在一些極端的情況下，它從心理疾病的深層次中暴露出來。所以，在潛意識中與意識表現不一致的各種怪現象，被簡單地認為是病症。佛洛伊德反其道而行之，他借助一種出色的方法，找到了深入潛意識的道路，但是，他也只是停留在病理學的範疇。然而，有哪些正常人會接受心理分析的痛苦測試？接受一次對靈魂的手術呢？因此，對待病人，佛洛伊德從心理學的角度推斷結果，大部分是在一個反常規基礎上做出的個人推斷，但這些推斷架構了一個全新的心理學。佛洛伊德想像潛意識的海洋，但卻未能探索，他把潛意識看作是疾風暴雨的海峽。

佛洛伊德的理論並不全面，治療病人的方法也不是完善的，因為它不可能治癒各種「靈魂的疾病」。積澱古老經驗的社會傳統對佛洛伊德理論的發展豎起了屏障，一種全新啓迪的眞理應該打破傳統，如同客觀事實突破表象一樣；或許探究這一巨大的客觀事實，需要臨床治療技術或理論推理以外的東西。

---

① 夏爾科（Jean-Martin Charcot, 1825-1893），法國著名的醫學教師和臨床醫學家，現代神經病學的創建人。他也是佛洛伊德的老師。——譯者注

兒童的祕密

或許探究廣袤的未知世界涉及不同的科學領域和概念定義，需要從人的源頭開始研究，解讀在兒童心靈與外界環境衝突中的行爲表現，發現戲劇性或悲劇性的抗爭祕密。在這場抗爭中，人的靈魂變得扭曲和陰暗。

心理分析學已經觸及這個祕密。利用心理分析手段，一個最驚人的發現，就是找到精神病植基在兒童時代的根源。潛意識喚起的回憶所表現出的童年痛苦並未被人們普遍了解；相反地，它與主流看法相去甚遠，但這是心理分析學最震驚人心的發現。這種痛苦是純精神層面的，潛移默化的，能夠完全在不經意中實質性地造成心理病態的成人個性。這是一種成人主導兒童、對兒童自發行爲造成的壓抑，而對兒童影響最大的成人就是母親。

需要明確區分心理分析兩個不同的研究層面。一個層面是比較表面的，它來自個人本能與周邊環境條件的碰撞，個人必須適應環境，因而經常與本能願望發生衝突。在這種情況下，並不難在意識的範疇裡對隱藏在下面的干擾因素溯本求源，因此它是可以治癒的。另一層面則是深層次的，是童年的記憶，它並不是人與所處周邊社會環境的衝突，而是兒童與母親的衝突，簡單來說，是兒童與成人之間的衝突。

心理分析學剛剛觸及兒童與成人之間的衝突問題，它雖然與難以治癒的心理疾病密切相關卻鮮有實例，而且被簡單地當作一種不太重要的既往症，即對疾病原因假設性的解釋。

但是，人們已經認識到，治療所有的疾病，包括身體疾病，都有其兒童時代所發生事件的重要原因，那些由於兒童時代所導致的疾病往往是最嚴重和最難治癒的。因此，可以說，兒童時代是疾病孵化的溫床。

然而，儘管治療身體疾病已經發展成爲不同門類的科學，如兒童衛生保健、育嬰學，甚至還有優生學，而且實現了保護兒童身體健康的社會變革，但是心理分析學卻沒有任何發展。成人心理的嚴重紊亂和成人與外部世界衝突激化的兒童經驗已經被證實，然而卻沒有人對兒童生活採取任何實際的行動。

或許因爲心理分析只專注於探查潛意識的手段，這種手段可以在成人中發現，但在兒童面前卻成爲一種障礙。對兒童不能適用同樣的手段，他們不可能回憶童年，因爲他們就處在童年。需要觀察他們而不是探查他們，需要從心理的角度觀察他們，以此嘗試揭開兒童與成人和社會環境關係中的衝突。很明顯，這種觀察角度摒棄了心理分析的手段和理論，從一個全新視角觀察在社會環境中的兒童。

這裡不是講述需要如何穿越探查病者荊棘的狹隘，而是放眼人類生活的現實，關注精神意義上的兒童，它是人自出生後，發展過程的實際問題。人類歷史未曾書寫過人的心理歷程，「敏感的兒童」遇到了障礙，置身於無法避免的和比他強壯的、主宰他、不理解他的成人衝突之中。帶給兒童心靈莫名痛苦的相關描述或研究至今仍稀，這些痛苦使兒童在潛意識中自認爲低人一等。

提出這一複雜的問題，與心理分析學無關。心理分析侷限於疾病的概念和治療的藥物，而與心理分析相比，精神意義上的兒童問題主要貢獻在於預防，它是一般普遍的兒童療法，有助於克服障礙、避免衝突和可能帶來的後果，因爲障礙和衝突造成的後果是心理分析學主治的心理疾病，或是心理分析學認爲的，可以影響所有人的一般性精神失常。

由此，圍繞兒童問題誕生了一個全新、獨立，或許是唯一與精神分析學並行的學科。它實際上是一種對「兒童精神生活的幫助」，是完全正常化的教育，但是它的特點是深入兒童未知的心理世界，同時喚醒成年人。因爲在兒童面前，成人的行爲往往出自錯誤的潛意識。

第二章　被告

關於成人心理紊亂的根源，佛洛伊德用「壓抑」一詞論述，其實這個詞已經說明了問題。

兒童不可能像一般人一樣正常成長，因爲他受到成人的壓抑。「成人」是一個抽象的名詞，兒童在社會中是被孤立的。因此，當成人影響他時，這個成人馬上有著決定性的作用，最貼近兒童的成人，首先是母親，其次是父親，還有教師。

社會賦予成人一個反向的任務，即由成人負責兒童的教育和成長。然而，人們在深入探查內心靈魂時才發現，那些曾被認爲全人類守護者和樂善好施的人們卻應當受到控告，他們應成爲「被告」。這些人是兒童的父親和母親，很多人是教師和兒童的監護人，因此，受到控告的可以是成人，也就是對兒童負有責任的整個社會。這種意想不到的控告發人深省，就好像末日審判中神祕和嚴厲的聲音：「你究竟是怎麼對待我託付給你的孩子呢？」

被告的第一個反應是辯護、抗議：「我們已經盡了最大的努力，孩子是我們的愛，我們已經盡心竭力去照顧他們。」這裡有兩個不同的概念：一個是主觀意識的，另一個則是潛意識的。辯護是自然的，由來以久，可以不必重視。這裡我們所關心的是控告，或者說是被告。被告忙於改善對兒童的看護和教育，他們陷入了一個到處是問題的迷宮，一個開闊但卻是沒有出口的森林，他們不知道自己所犯的錯誤。

那種對兒童有益的理論應始終保持對成人的控告，毫不留情，毫無例外。

就這樣，控告能夠立即成爲備受關注的中心。它不是指摘非主觀願望所犯的錯誤，不是指出可能會羞辱他人的缺點和不足，而是指摘那些潛意識的錯誤，把錯誤放大，繼而發現自我。而發現自我和運用未知才能獲得每一次眞正的進步。

人們每次對自己所犯錯誤的態度都是牴觸的。每個人面對主觀意識錯誤受到的批評都感覺不悅，但對待無意識的錯誤卻熱情關注，因爲無意識的錯誤包含著可以完善和超越已知的祕密。正如中世紀的騎士，他可以因爲一點小小的指責受到打擊而進行決鬥，同時他會跪拜在祭臺前謙卑地說：「我錯了，我在所有人面前聲明，是我一個人的錯。」聖經故事在這方面也有一些有趣的例子。爲什麼在尼尼微的眾人會聚在約拿的周圍？爲什麼所有人，從國王到平民百姓，都那麼熱情地加入約拿先知追隨者的隊伍？而約拿卻指責這些人是可怕的罪人，並告訴他們，如果不皈依的話，尼尼微將被毀滅。又如，爲什麼聖約翰能夠召喚眾人到約旦河邊，他用什麼樣的甜蜜咒語招來如此眾多的人？而他卻把所有人稱作「蛇蠍之輩」。

這就是精神現象。人們跑去聽他人指責，跑去同意和認可這些指責。有些指責甚至是尖刻和莫須有的，但它卻能夠從深層中喚醒潛意識，使潛意識與主觀意識相結合。所有精神的拓展都是爲了覺悟，獲得過去不曾擁有的東西，如同文明的進步，是一個不斷發現的前進歷程。

那麼，對待兒童，爲了把他們從精神生活的危險中拯救出來，需要做與當今不同的事，首先要向前邁出關鍵、重要和決定性的一步，那就是改變成人。他們的確已經盡了最大努力，他們也表明熱愛孩子，甚至可以犧牲自己，他們也承認面對的問題難以克服，但是他們必須另尋出路，求助已知、主觀願望和意識以外的東西。

兒童也存在著未知世界，兒童的內心靈魂中總有一部分是鮮爲人知的，人們必須去了解。兒童也需要發現自己的未知。除了心理學和教育學觀察和研究意義上的兒童，還有未知意義上的兒童，需要探索，就好像有人知道了藏金子的地方，會跑到那個不知名的地方，挖掘寶貴的金子一樣。成人也應該像他們一樣去尋找隱藏在兒童內在靈魂中那些未知的東西。每個人都應該去做這項工作，不分等級、種族或國家，它可以挖掘出人類精神進步「不可或缺的元素」。

成人不了解兒童和青少年，所以才會與他們發生持續不斷的衝突，解決的辦法不是讓成人學會理智，或是補習欠缺的文化知識，絕非如此。應該是另一個出發點。成人需要自我認識到阻礙他們眞正「理解」兒童和尚未意識到的錯誤，如果他們不具備這種心態和心理準備，就不可能進步。

自我覺悟並非想像的那麼困難。儘管錯誤是無意識的，但卻是令人痛苦的，稍做暗示便能知曉，好像脫臼的手指需要重新固定一樣，因爲人們會感受到手不能正常工作，痛苦就不會消失。所以，錯誤一旦出現，需要立即矯正意識，長期的軟弱和痛苦都是不能容忍的。解決了這個問題，其他就變得容易了。一旦我們相信，我們過去太夜郎自大，自以爲無所不能，那我們就有可能去關注和承認兒童有別於我們的心理特性。

與兒童相比，成人是以自我爲中心的，不是自私，就是以自我爲中心。因此，他們是從自我的角度看待精神意義上的兒童，所以對兒童的錯誤理解也就越來越深。從自我的角度出發，成人把兒童看作是一個「空虛的生命」，需要透過努力把它填滿，如同一個「沒有能力和無助的」人需要他們做所有的事情，好像一個「沒有內心主導」的人需要他們一點點從外部引導。總之，成人就好像兒童的造物主，從與他們的關係中考慮兒童行爲的好壞，成爲好壞善惡的試金石。他們永遠是正確的，他們代表著好，兒童必須以他們爲榜樣，所有與成人性格特點相左的東西都是壞的，成人要立即去糾正。

這種態度在潛意識上抹煞了兒童的個性，而成人卻還自以爲是熱心、關愛和奉獻。

第三章　生物片斷

當沃爾夫①發現胚胎細胞分裂時，他向人們展示了生命誕生的過程。同時，他也爲人們提供了一種活生生的、直接觀察的方法，表明細胞內部存在著既定生成的指令，他打破了萊布尼茲②和斯帕蘭箚尼③關於生命形式已存在於胚胎之中的生理學思想。當時的哲學流派認爲，受精卵在原始形態中儘管不完善，但生命本身的雛形已經形成，只要放在適當和有利的環境中，它就可以發育成長。這種觀點來自對植物種子的觀察，種子在兩片子葉中已經包括了幼小的植物，可以看到根和葉，埋在地下後，就會按既定的一切發育成長爲一棵植物。所以，人們設想動物和人也是同樣的過程。

然而，在發明顯微鏡以後，沃爾夫在觀察生命體如何形成時發現，生命的原形只是一個簡單的胚胎細胞，在可以看到肉眼所看不到的物質的顯微鏡下，沒有任何生命雛形的存在。兩個細胞結合形成的胚胎細胞只有細胞膜、細胞液和細胞核，看上去它與其他細胞沒

---

① 沃爾夫（Kaspar Friedrich Wolff, 1733-1794），德國胚胎學家，現代個體發育理論的奠基人。提出「漸成論」，即早期胚胎中沒有預先存在的結構，胚胎的四肢和器官是經歷了由簡單到複雜的漸變過程而形成的。——譯者注

② 萊布尼茲（Gottfried Wilhelm Leibniz, 1646-1716），德國自然科學家、數學家、哲學家。——譯者注

③ 斯帕蘭箚尼（Lazzaro Spallanzani, 1729-1799），義大利生理學家。在微生物及身體的各種機能與動物繁殖的研究方面有莫大貢獻。——譯者注

有區別，而其他細胞只是原始形態的簡單細胞，沒有變化。但是，生物不論是植物或是動物，都來自原始細胞。我們過去在發明顯微鏡之前所看到的，即種子中的幼小植物，已經是胚胎細胞發育成的胚芽，完成了結果的階段，果實落地撒下的是已經成熟的種子。

在胚胎細胞中，存在著一個極爲特別的特徵，即細胞快速分裂和按預定的圖譜進行分裂。這種既定圖譜在原始細胞中沒有任何物質的表現。在細胞內部，只有極小的東西，即是決定著遺傳關係的染色體。

可以看到，動物胚胎初期，是一個細胞分裂成爲兩個細胞，然後又分裂成爲四個細胞，依此分裂下去，直到形成一個空洞的球體，稱爲桑葚胚。然後胚胎內屈爲兩層，中間開口，形成一個雙壁的腔體（原腸胚），透過不斷增殖、內屈、分化，發育成爲結構複雜的器官和組織。因此，胚胎細胞儘管看似簡單、透明、沒有任何物質圖譜，但它卻按自身的非物質指令非常順從地工作，就好像忠實的僕人，熟記交給他的工作並去執行；因此，不需要任何書面的東西說明他所領受的祕密指令。圖譜透過不知疲倦的細胞活動表現出來，而且只有在工作完成時才能看到，而在完成的工作之外，則什麼也沒有了。

在哺乳動物，包括人的胚胎中，第一個形成的器官是心臟，或者說是即將成爲心臟的器官，它最初是一個有節奏、按指令開始搏動的囊泡，母體心臟每跳動一次，它跳動兩次。它不知疲倦地持續跳動，是幫助身體所有組織形成並富有生命力的發動機。

這是一種隱性的整體工作，非常神奇，它自我完成，是從無到有的奇蹟。那些充滿智慧和生命的細胞從來不會出錯，按照分工深入地分化，有的形成軟骨細胞，有的形成神經細胞，有的形成皮膚表層細胞，使每個組織各就各位。這種造物的神奇是被深深隱藏起來的宇宙的祕密，大自然把它嚴密地包裹，只有大自然自己可以打開；而打開時，大自然帶給世界一個成熟的生命，宣告一個生命的誕生。

但是，生命的誕生不僅僅是一個物質的肌體，它也像「胚胎細胞」一樣，同時包含著特定的、潛藏的心理機能。新的肌體不僅是器官的運動，還有其他官能，如本能。本能不可能包含在某一個細胞之中，它存在於一個生命的肌體裡，一個誕生的生命之中。如同每個胚胎細胞擁有肌體結構的圖譜，人們不可能事先看到它，而每個新生的肌體，不論屬於哪一個物種，哪一種生物，甚至是昆蟲，都具有心理本能的圖譜和與周邊環境聯繫在一起的官能。

蜜蜂神奇的本能使牠們組成一個複雜的群體，這種本能不可能在蟲卵或幼蟲時期表現，只能在成蟲時表現出來。鳥類的飛翔本能是在出生之後，而不是出生之前表現的，可以依此類推。

因此，新的生命形成後，就會被某些神祕的東西引導，讓他行動，給他特徵，使他工作，去適應外部環境。

外部環境不僅提供了肌體生存的手段，還誘發每個動物履行牠自身神祕的使命，不是在大自然中簡單地生存，而是採取必要的手段維繫自身的世界與和諧。所以，每個物種都有自己的外部環境。

每個生命肌體都有適宜的「超心理」機能，天地之間已經做出冥冥的安排。這種高級的機能已經存在於新的生命之中，在動物界尤爲明顯。剛出生的動物溫順，因爲牠是羔羊；另一種動物兇猛，因爲牠是獅子。這種昆蟲嚴守紀律，辛勤工作，因爲牠是螞蟻；另一種昆蟲只會孤獨地吟唱，因爲牠是蟬。

新生兒也同樣不單是一個活動的軀體，他還是一個精神的胚胎，有著潛藏的心理指令。雖然人與所有其他生物在「心理世界」上有所區別，但如果認爲只有人沒有心理發育成長的圖譜，那是非常荒謬的。

人的精神深深地潛藏著，不同於動物的本能可以在行爲上馬上表現出來。人的行爲不像動物行爲受既定的本能主導，它是一個非常自由的空間，需要特別去營造。每一個人都在自我營造中發育成長，因而是不可預知的，過程複雜、艱難，難以觸摸。因此，兒童的內在靈魂存在著祕密，如果他們在成長過程中不向我們逐漸展示，我們是不可能了解的。正如胚胎細胞分裂一樣，如果沒有圖譜就沒有一切，但是這個圖譜沒有方法可以揭示，只能在肌體形成之後才看得到。

所以，只有兒童才可能向我們揭示「人類自然圖譜」。

但是，每個從無到有的創造過程都是微妙的，兒童的心理生活需要保護，需要有像大自然保護生物胚胎一樣的環境。

大地上聽到
一個顫抖的聲音，
從未聽到的聲音；
發自喉嚨，
從未顫抖的喉嚨。

是人，曾經活在黑暗之中；眼睛從未見到一線光明，在最底的深淵。是人，曾經活在寂靜之中；沒有聲音，哪怕是極細微的，也從未聆聽。我聽到，人曾經眞的在水中生活；奇妙溫暖的水，突然從冰面下湧出。他講，肺從來沒有呼吸過（坦塔羅斯④本來可以輕鬆一些），但它是活的。空氣突然舒展開他原本合攏的肺。於是，人開始哭喊。

④ 坦塔羅斯，希臘神話中主神宙斯之子，起初得到眾神的寵愛，後因變得驕傲自大，侮辱眾神，被打入地獄，永遠受著痛苦的折磨。以其名喻指受折磨的人，以「坦塔羅斯的苦惱」喻指能夠看到目標卻永遠達不到目標的痛苦。——譯者注

大地上聽到
一個顫抖的聲音，
從未聽到的聲音；
發自喉嚨，
從未顫抖的喉嚨。

他曾經是一直休息的人，
誰能想像，那是絕對休息嗎？
他在休息中不費力地咀嚼，因爲有其他人在爲他咀嚼；
他沉寂在自己的胎中，因爲有其他生命的肌體爲他提供充足的熱量；
即使是他嬌嫩的肌體也不需要防衛毒菌侵害，因爲有其他肌體爲他工作；
他只有心臟需要工作，成爲心臟之前已經在跳動。
是的，在他還不存在時，心臟卻在跳動，
比另外一個心臟跳動快兩倍。
我知道，那是一個人的心臟在跳動。

現在，他一個人前進了，
承負起所有的工作；
受到光線和聲音的侵擾，
最幼小的身體開始辛勞，
發出最強烈的呼喊：
「你爲什麼拋棄我？」
這是人第一次開始思考自己，
耶穌死了，耶穌升天了！

第四章　新生兒

超自然環境

新生兒出生後，不是進入一個純自然環境，而是走進人文環境，走進了人類的生活。這是一種「超自然環境」，建築在自然並藉助自然的基礎之上，爲人類生活提供可貴的幫助，同時又使其更容易適應自然。

然而，人在出生時開始從一種生活向另一種生活過渡，盡一切努力去適應生活，但人類文明爲新生兒又提供了什麼樣的幫助呢？

人從出生起，生命形式的根本轉變，要求人們用科學的方法對待新生兒，因爲在人的一生中，沒有任何一個時期像出生時那樣遇到如此痛苦的衝突和反差。

但是，沒有任何東西爲這種痛苦的轉換做出順利的安排，人類文明史中本應在開篇的第一頁講述文明的人如何幫助生命的誕生，但至今仍是一片空白。

或許很多人以爲當今的文明世界已經非常關注新生兒了。

是這樣嗎？

當嬰兒出生時，大家都會爲作母親的擔心，會說作母親的受苦了。

難道嬰兒就沒有受苦嗎？大家都想著，做母親的累了，需要讓她的周圍光線暗一些，安靜一些。

難道嬰兒就不需要嗎？他來自一個從來就沒有一絲光線和一點點聲音的地方。

所以，應該為嬰兒安排一個光線較暗和非常安靜的環境。

他曾經在沒有任何干擾和恆溫的環境中發育，液體均勻溫和，專門讓他休息，也沒有一絲光線和一點點聲音，而現在卻突然從液態環境轉換到空氣環境之中。

嬰兒出生到這個世界上，嫩弱的眼睛從來沒有看到過光線，耳朵曾經感受的也只有深淵般的寂靜。那麼，成人是如何對待嬰兒的呢？

嬰兒直到出生那一刻，始終在母親身體的「襁褓」裡，沒有被觸摸過。那麼，成人是如何對待嬰兒焦躁不安的身體呢？

嬰兒從液態環境突然轉入空氣中，沒有經過像蝌蚪變成青蛙那樣逐漸變化的過程。那個嬌嫩的身體與硬物無情地碰撞，被成人不靈活的手來回擺弄。

人們在家裡幾乎不敢碰那個嬌嫩的身體，他太脆弱了。親戚和母親都擔心地看著他，把他交給「有經驗的人」照顧。

但是，有經驗的人也不是始終能夠小心翼翼地照顧這個嬌嫩的小生命。只有一雙強有力的手穩穩地抱住嬰兒是遠遠不夠的。

要照顧這個弱小的嬰兒，必須做好準備。護士在照顧成年病人之前，為了解如何移動病人身體，或者如何細緻地塗藥膏或繞繃帶，不是也需要經過長時間的訓練嗎？

為什麼對嬰兒做不到？

醫生在處置新生嬰兒時並不是特別小心謹慎，當新生兒絕望地哭叫時，所有人都會開心地笑。那是他的聲音，哭叫是他的語言，他用哭叫清潔他的眼睛，擴張他的肺。

嬰兒一出生馬上被包裹起來。

過去嬰兒被緊緊包裹在襁褓裡，就好像被打上石膏一樣。可憐的小生命，僵直地躺在母親的懷抱裡，不能活動。

然而，在嬰兒出生時和第一個月裡，眞是沒必要包裹嬰兒。

如果我們觀察一下嬰兒服裝的發展，我們就會看到其中漸進式的變化，從過去硬實的襁褓到輕便的套衣，衣服逐步減少，再發展下去，嬰兒的衣服可以完全不需要了。

嬰兒應該像藝術作品中的人物一樣裸露著。繪畫和雕塑作品中的天使都是裸體的；聖誕馬棚中，聖母瑪麗亞敬拜和抱在手上的聖嬰也是裸體的。

實際上，嬰兒需要溫暖的外界環境，而不是衣服。由於嬰兒出生前一直在溫暖的母體內，本身沒有足夠的熱量適應外界的溫度。大家都知道，衣服只能有保溫的作用，如果外界環境是溫暖的，衣服就阻礙了嬰兒身體從外界環境接受熱量。

我們可以看到，剛出生的小動物身上有一層絨毛或皮毛，母親用身體護住和溫暖牠。

我不想在這個話題上過分堅持。我相信，在交流的時候，美國人會對我說他們在美國是如何如何照顧新生兒的；德國人和英國人會質問我，爲什麼我無視他們在醫學和護理學方面取得的進步。但我要說，我知道這些事情，我研究了這些國家更多的東西和取得的進展。然而，各國仍然缺乏眞正迎接新生命誕生應有的心理準備。

人們的確做了很多，但是，如果無視過去曾經是未知的東西，不在過去認爲已經足夠或不可逾越的內容基礎之上增添新的認識，那還算什麼進步？如今在世界各地，人們對嬰兒還沒有一個正確的理解。

我還想講另外一個方面。儘管我們深愛著孩子，但是我們幾乎從嬰兒出生那一刻起就對他們有一種防範的本能。它不僅僅是防範的本能，還是一種自私的本能，驅使我們保護自己擁有的東西，哪怕是毫無價值的東西。

自嬰兒出生起，成人的心理在照顧孩子時就反映出，不要讓孩子搞破壞，不要弄髒東西，不要讓人討厭。是的，就是要防範孩子。

我相信，當人類充分理解兒童的時候，才能找到更加完善照顧他們的方法。

在維也納，人們對護理新生兒做了一些有益的嘗試：新生兒的嬰兒床部分加熱保溫；設計一次性的吸收性材料做嬰兒床的墊子。

但是，對新生兒的護理不應該只停留在預防嬰兒死亡和隔離病菌上，比如在最現代化的醫院裡，護士在接觸嬰兒時都要戴口罩，以防止口中的細菌傳染給嬰兒。

這裡還有嬰兒出生後的「兒童心理照顧」問題，在看護兒童時讓兒童容易適應外部世界的問題。

爲此，要改變人們對新生兒的態度，需要在醫院訓練，向家長進行宣傳。

在富有的家庭，人們還想著華麗的搖籃和花邊刺繡的嬰兒裝。按照這個標準，如果他們習慣打孩子，那麼打那些富家孩子也需要用金手柄鑲珍珠的鞭子。

對新生兒如此地奢華表明，他們完全忽視了嬰兒的心理。家庭的富有應該用於更好地改善嬰兒健康，而不是爲條件優越的嬰兒提供奢侈的享受。對嬰兒最好的護理莫過於有一處遠離城市噪音的地方，相對安靜，光線柔和而且可以調節。溫暖恆定的溫度，如同在接生室一樣，人們應該安排一種適合嬰兒裸體的環境。

另一個問題是如何移動和搬動嬰兒，要儘量減少用手接觸他。應該藉助一種輕軟的東西提起兒童，如加厚柔軟的網狀吊床，托住嬰兒的全部身體，使其體態好像在出生前一樣。

這些撐托嬰兒的東西要輕拿輕放，動作輕巧有素，垂直或水平移動嬰兒更要特別當心。護理學已經做過類似的研究，有專門抬起病人和水平緩慢移動的方法，而且它是護理病人最基本的技巧。已經沒有人再垂直地抱起病人，而是用柔軟的支撐物墊在身下再移動病人，這樣病人水平方向的體位就不會發生變化。

新生兒也像病人，如同其母親一樣，他剛剛度過死亡的危險期，看到他活著的那種喜悅和滿足也同樣是一種危險過後的心理放鬆。有時嬰兒出生時幾乎窒息，需要用人工呼吸馬上救治；有時因爲皮下出血而出現頭部腫塊變形。但是，新生兒和成年病人不能混淆而論，嬰兒的需要與病人不同，這個從虛無中走來的小生命，在用他最初敏感的心理去感受，做著一種不可思議的適應環境的努力。

對新生兒的態度不應是憐愛，而是對造物神奇的崇敬，應是對我們感知範圍內還存在無限神祕的崇敬。

我見過一個窒息的新生兒，剛剛被救活，就被放在一個地上的水盆裡，在快速沉入水中的時候，嬰兒馬上睜開眼睛，身體顫動，伸直四肢，好像人跌倒時的反應一樣。

這是他第一次經歷恐懼。

觸摸和摟抱嬰兒的動作和嬰兒敏銳的感覺應該讓我們思考，這使我們聯想起天主教神父在祭臺上擺動聖器。他用洗淨的雙手，一會兒垂直擺動，一會兒又水平擺動，中間停頓，手法講究，好像經過深思熟慮；那種手法就好像手中承接著巨大的力量，使他不得不時時停下。當神父把聖器放下後，他便跪下來頂禮膜拜。

一切都在安靜中進行，陽光透過彩色玻璃窗映射出微弱的光芒，一種充滿寄託和高尚的氛圍縈繞在神聖的殿堂裡。那麼，新生兒也應該生活在類似的環境之中。

如果我們比較一下對嬰兒和對其母親的護理，試想一下，如果對待其母親像對待新生兒一樣，那我們就會明白我們所犯的錯誤。

人們不讓母親與新生兒互動，新生兒被帶離其母親，因爲怕新生兒打擾她。新生兒只有在餵奶的時候才會被帶回到其母親身邊。在帶來帶去的過程中，人們給嬰兒穿上配有錦帶和刺繡花邊的漂亮衣服，新生兒被擺弄，甚至震動，這等於強迫剛剛生產的母親馬上站起來，穿起正裝參加宴會。

成人把嬰兒從搖籃中抱出來，齊肩高高舉起，然後又放到其母親身邊躺下。有誰敢想像讓產婦這樣運動？人們習慣認爲，嬰兒沒有意識，沒有意識自然也就沒有痛苦和歡樂，所以，小心翼翼地對待嬰兒毫無意義。

那麼爲什麼我們要盡心竭力護理那些病童和失去意識的成年病人呢？

原因是救護的需要，而不是這種需要的主觀意識。與人的生命其他年齡階段相比，正是因爲這種需要，科學和情感給了更大的關注。

錯了，這不是一個恰如其分的解釋。

實際上，人類文明史上對生命初期的理解還是一片空白，是一張白紙，還沒有人書寫，因爲沒有人仔細思考過人最初的需要。儘管我們每天從很多的經驗教訓中逐漸意識到警世的眞理，如嬰幼兒期（包括孕期）的問題會影響人的一生，胎兒和幼兒的健康能夠影響到成年後的健康和人種的健康（如今已被公認），那爲什麼我們沒有重視出生問題，沒有重視這個人生命中最難克服的危機呢？

我們對新生兒沒有感覺，對我們來說，他不是眞正意義上的人。當他來到我們這個世界時，儘管我們創造的世界是爲了他，但我們卻不知道如何歡迎他，而他要將世界發展下去，取得超越我們的進步。

所有這一切讓我們想到《約翰福音》所說：

他來到這個世界
世界為他創造
但世界卻不認識他
他來到自己的家
但家人卻不認識他

第五章　天賦本能

高級動物，即哺乳動物受本能驅使，都非常注意他們後代的哺乳期。以一隻溫順的家貓爲例，牠會把剛出生的幼貓藏在某個昏暗幽靜的地方，對幼貓非常小心，生怕幼貓被人看到。一段時間過後，活潑可愛的小貓才會跑出來。

完全自由生活的哺乳動物更加細心照顧牠們的幼仔。絕大部分哺乳動物都過著群體生活，但雌性在預產期會離開群體，尋找一個僻靜隱蔽的地方。生產後，會單獨餵養一段時間，時間長短根據動物種類的不同，二、三個星期、一個月或更長的時間。作爲雌性的母親對這些小生命馬上擔當起護士和助手的角色。新生的幼仔不習慣充滿光線和噪音的環境，於是母親會把牠們帶到一處幽暗的地方。儘管幼仔在出生後已經具備所有官能，能夠站立行走，但是母親仍然精心照顧和教導牠們，仍然把牠們隔絕在群體之外，直到牠們完全掌握了本能和適應了環境。之後，母親才會把牠們帶回群體，與牠們的同類共同生活。

不論是馬、野牛、野豬、狼還是虎，儘管哺乳動物種類繁多，但是這種母性關懷卻是基本相同的，非常令人感動。

母野牛會遠離牠的群體，獨自帶著牠的幼仔，寵愛牠，照顧牠。小野牛冷了，牠會用前爪護住；小野牛髒了，牠會耐心地把小野牛的皮毛舔得光滑乾淨；哺乳時，牠會三條腿站立，方便小野牛吃奶。之後，母野牛把小野牛帶回群體，仍然繼續耐心地爲牠哺乳。所有雌性四足哺乳動物都是一樣的。

雌性動物在生產前幾個月不僅要找一處單獨的場所，而且還要忙著爲幼仔準備營造一個安樂窩。例如，母狼隱藏在昏暗的密林深處，或許找一個岩洞作爲棲身之地。如果找不到合適的地方，母狼會挖一個洞穴，或在空心的樹幹裡築窩，或用柔軟的東西，甚至咬下自己胸前的毛造窩，這樣也方便爲小狼仔哺乳。母狼一次能產下六到七隻幼仔，幼仔出生時閉著眼睛，聽不到聲音，母狼把幼仔藏起來，哺育牠們，而且從來不拋棄牠們。

在哺乳期，所有母狼對靠近狼窩的動物都表現出很強烈的攻擊性。

動物被圈養後，這種本能發生了變異。母豬會吃掉自己的幼仔，而母野豬卻是動物中最溫柔和親切的母親。被關在動物園籠中的母獅，有時也會吃掉自己的小獅子。

因此，動物天賦的保護本能只有在能夠完全自由地反映基本本能時，才會正常地展現出來。

本能驅使的邏輯明確而簡單：剛剛出生的哺乳動物在與外界環境「初次接觸」時，需要特殊的說明，必須考慮到這是一段生命剛剛開始的非常時期，生命經過巨大的努力來到世間，需要休息，同時他的各種官能剛剛開始活動。

在此之後進入所謂嬰幼兒期，也就是生命的第一年——哺乳期，即世間生活的初期。

雌性動物遠離群體對幼仔的照顧不僅僅侷限在身體上。母性還要努力喚起新生命深處的心理本能，造就「另一個同類」。光線柔和、遠離雜訊之處是最好的地方。在哺乳的同時，母親監督著幼仔，幫助和關懷幼仔健康地成長。例如，小馬駒隨著四肢逐漸強壯，開始認識和跟隨母親，弱小的身體在遺傳基因作用下開始表現出馬的特徵，但是母馬卻不會讓任何人看見在變成小馬之前的幼仔；母貓同樣也不會讓別人在牠的幼貓睜開眼睛和站起來之前，也就是成爲小貓之前，觀察研究牠的幼仔。

很明顯，大自然關心這個巨大的工程並做了細緻入微的安排。母性照顧新生命的使命遠遠超過身體的範圍，她用最體貼的愛和關懷，等待喚醒新生命潛藏的本能。

也可以說，透過對新生兒必須而且是不遺餘力的、最精心的照顧，我們在等待人的精神的誕生。

第六章　靈魂胚胎

肉化成人

「肉化成人」一詞是把新生兒看作靈魂，肉化人身後來到世間。這個概念是基督教最神祕和神聖的境界之一：聖靈化作肉身，成爲人，禱告詞是*et incarnatus est de Spiritu Sancto; et homo factus est*。

科學認爲，人從虛無中來，他開始就是肉身，而不是肉化成人。只是組織和器官的發育演化構成了人的生命。但這也是一個謎：爲什麼那個複雜和有生命力的肌體從虛無中來？我們的目標不是停留在類似的思考上，而是要挖掘事實，深入到表象的背後。

在對新生兒護理時，必須非常注重新生兒的「精神生活」。如果說新生兒已經有精神生活，那也是在他出生後的第一年或更晚才有的。當前，對嬰幼兒護理所取得的進步不僅是關注他們的身體健康，還有他們的精神生活。今天人們都在說：教育要從出生時做起。

很明顯，「教育」一詞在這裡並不是教學的概念，而是幫助嬰兒心理的發展。

今天，人們可以想到，嬰兒自出生起就有了眞正的精神生活，它分爲意識的和潛意識的；潛意識裡充滿著衝動和心理活動，早已成爲大眾普遍談論的話題。

但是，儘管把潛意識侷限在淺顯的基本概念裡，我們也可以姑且認爲，嬰兒已經具備本能活動，既有消化功能，也有心理功能，如同哺乳動物的幼仔，他們能夠迅速並且內在實現其物種的特徵。但是，與其他動物幼仔相比，嬰兒在運動功能上好像發育較慢。嬰兒在降生的一瞬間便能感覺到光線、聲音、觸摸等等，感覺器官開始活動，而運動功能卻還不健全。

因此，應該以新生兒的形態作爲考慮問題的重要出發點。嬰兒出生時沒有行爲能力，而且會持續較長時間，嬰兒不能站立，需要像病人一樣護理；嬰兒不會說話，在很長一段時間裡，他能發出的聲音只有哭叫和疼痛時的喊叫，就像人們需要救助時那樣的喊叫，要他人跑過來幫助。

只有經過較長的時間，幾個月、一年或更長的時間，那個軀體才能站立和行走，那時，他已經不再是像病人的軀體，而是一個幼兒的人的軀體。經過數月或數年的時間，那個聲音才會是能夠講話的人的聲音。

現在，我們用肉化成人一詞所講的是成長發育過程中，心理和生理的行爲。肉化成人是一個透過某種能量可以激發無活力的軀體，給軀體的四肢肌肉、發音器官提供自主行爲能力的神祕過程，由此，人化作肉身。

嬰兒出生後有很長時間沒有行爲能力的問題，非常令人思考。那些哺乳動物在剛出生後或在出生後很短的時間裡就可以站立和行走，尋找母親，儘管聲音微弱、不完美，甚至是可憐的，但牠卻能發出同類的語言。小貓眞的發出喵喵聲，羊羔咩咩叫，小馬駒確實會嘶嘶地啼叫。牠們在寂靜的世間試著發出微弱的聲音，人們聽不到剛出生的小動物嘶叫和哀嚎。牠們行爲的準備期是非常快的，準備很容易，可以說，動物肌體在出生時已被本能啓動，本能決定了牠們的行爲。人們都知道，幼虎如何跳躍，一隻剛出生站立起來的小山羊是如何蹦跳的。因此，任何剛出生的小動物不僅僅是一個物質的軀體，牠還包括了一些功能，不是生理器官的功能，而是受本能驅使的功能。所有本能透過活動表現，代表著物種的特徵，與動物的身體外觀相比，本能表現出的物種特徵更是不變的和獨具特色的。

簡言之，動物的特徵不是外觀而是靈性。

所有這些非植物性功能的特徵，我們可以籠統稱爲「心理特徵」，這些特徵已經存在於剛剛出生的動物中。但是，爲什麼嬰兒卻沒有這種靈性呢？

有一派科學理論認爲，動物的本能活動是同類動物代代累積經驗和遺傳的結果。那麼，人爲什麼如此落後，不能從祖先遺傳呢？人早已經能夠直立行走，講複雜的語言，完全可以遺傳給自己的後代。人的心理生活極爲豐富，與其他物種的生命完全不同，所以很難想像爲什麼只有人沒有心理發育的圖譜。在這種矛盾下面，肯定隱藏著某種眞理。人的心理可以完全深藏不露，不會像動物本能那樣，透過既定的行爲表現出來。

不受動物固有的引導本能驅使的事實說明，人有天生的行爲自由，需要經過特別營造，需要每個人在發育成長過程中去創造，因此他是難以預知的。在這裡我們舉一個不太貼切的例子：用我們生產的物品進行比較，有些物品用模具或是機器快速批量生產，完全一樣。有些物品則是手工精雕細琢，各不相同。手工製作的價值在於每件物品都留有製作者的痕跡，比如，刺繡藝人的手藝、藝術作品的天才創作。

可以說，動物和人的靈性差別在於：動物是批量生產的，每個動物會立即繁衍出同類動物固定一致的特徵。而人是手工製作的，每個人都有所不同，每個人都有創造的精神，創造使人成爲大自然的藝術傑作。但是，這個工程是緩慢長期的，在外象表露之前，需要不間斷地做內在的工作，不是固定種類的複製，而是全新的創造。因此，他是一個謎，會有一個出人意料的結果，正如藝術作品在向公眾展出之前，藝術家會把作品一直藏在畫室裡傾心製作一樣。

不斷工作形成人的個性特徵是肉化成人的內在工程。尚沒有行爲能力的人是一個謎，在這個沒有行爲能力的軀體裡，包含著所有生物中最複雜的機制，歸屬他的東西是他自己，他必須透過自我幫助才能肉化成人。

人們通常所說的「肉體」，是稱爲生理肌肉自發運動器官的組合。這個定義指肌肉受意識驅動，更準確地說，是器官運動與心理活動密切相關。沒有器官，沒有工具，意識無能爲力。

不考慮動物的本能，各種動物，哪怕是微不足道的昆蟲，如果沒有運動器官，牠們就沒有任何能力。在高級動物中，尤其是人，肌肉非常繁多複雜，學習人體解剖課程的學生們都說：「要記住所有的肌肉必須要剝開研究七遍才行。」另外，在肌肉的活動中，各個肌肉相互配合完成最複雜的動作。有些肌肉伸張，有些肌肉收縮，有些肌肉是接近的作用，有些則是接觸性的。那些反向功能的收縮肌肉更是爲了功能的協調！

肌肉收縮校正伸張，因此它們總是相伴相生的，一組連接肌肉總會與一組臨近肌肉結合，但不是眞正的結合，而是幾組肌肉結合轉化成一個運動，這樣運動就可以變化無窮，比如雜技演員，或是小提琴家，他手上的肌肉可以在琴弦上演繹出極其細微的動作。

每種運動都有反向動作的配合，每個協調的動作都要求一組肌肉與另一組反向運動肌肉同時運動，兩組肌肉運動都經過充分準備。

人們並沒有過分依賴自然。人的最高精神，即創造性和指導性精神完全依靠個人的能力，一種在自然之上的超自然能力。這才是應去考慮的人的最初的問題。爲開啓通向世間的道路，人的靈魂精神要肉化成人。這是嬰兒生活的第一個篇章。

因此，個人肉化成人的過程已經具備心理指令，兒童應該有一種心理生活，它應該在激發和能動性生活之前存在，而且存在於任何外在表現之前並獨立於外在表現。

人們如果認爲嬰兒肌肉無力，無法站立，或者天生不能協調運動，那是極爲錯誤的。

新生兒的肌力在四肢刺激反應和柔韌性上是非常明顯的。吮吸和吞嚥協調複雜，但嬰兒已經具備了這些能力。除此之外，沒有別的較之更完美的了。與其他動物幼仔相比，大自然給了嬰兒更多的條件，給了本能主導以外的更大的活動空間。這時，本能退居次要地位，有力的肌肉安靜地等待新的指令，等待著意識的呼喚，爲人的精神服務。嬰兒不僅要實現人類的特徵，還要實現一個具有靈性的個性特徵。當然，還有人類的本能，它是最根本的特徵。每個嬰兒將來都會直立行走，會說話。毫無疑問，他會有自己不同的個性，但它還是一個謎。

對所有的動物而言，我們都能猜到牠們長大之後是什麼樣子。如果是一隻羚羊，牠一定是非常敏捷的賽跑能手；如果是大象的後代，牠一定是走起路來憨態可掬的動物；如果是老虎的後代，牠一定是兇猛的；如果是兔子的後代，牠一定會啃咬植物。

但是，人什麼都可以做到，在他無行爲能力的表象下蘊藏著神奇和驚人的個性特徵。他語無倫次的聲音有一天將發出語言，但我們現在還不知道講哪種語言，他會注意從外部環境學習所講的語言，先是努力發音，然後是音節，最後是詞語。在與外界環境相關的所有行爲能力上，他將成爲有意識的建設者，是全新的人的創造者。

嬰兒出生時無行爲能力的現象，在哲學思考方面早已被廣泛認識到，但至今仍沒有引起醫生、心理學家和教育工作者的注意。然而，很明顯，這種現象是我們必須去認識的諸多客觀事實之一。很多客觀事實隱藏在潛意識裡，長期被人們忽視。

在日常實踐中，這些兒童本身的自然條件卻帶來了很多後果，對他們的心理發育成長構成嚴重的威脅。兒童的自身條件使人們錯誤地以爲，不僅兒童的肌肉是消極被動的，即肌體是無行爲能力的，甚至兒童本身也是無行爲能力的，兒童是一個內心靈魂被動和空無的人。兒童將來肯定會有非凡的表現，但那是將來比較晚的事情。因此，成人錯誤地相信，在此之前，是他們透過對兒童的照顧和幫助，給了兒童靈性，對此，成人有義務和責任，而且顯示出他們才是兒童的塑造者和心理生活的建設者。成人設想可以從外部完成創造性工作，透過刺激、指導和提示，使兒童獲得智慧、情感和意志。

成人自封一種近乎神聖的權力，甚至相信他們自己就是兒童的上帝，自認為像《創世記》中所說的：「我將用我的形象創造人。」傲慢是人的第一個原罪，自詡為上帝是造成後代不幸的根源。

事實上，如果說兒童擁有破解個人謎底的鑰匙，擁有心理圖譜和發育成長的心理指令，那麼它們在實踐過程中應該是潛在的和非常脆弱的，而成人受其想像中天賦權力的驅使，主觀能動和過分投入地干預，可能抹煞兒童的心理圖譜或扭曲兒童心理圖譜的自我實現。

成人完全可以從人的源頭上抹煞神聖的心理圖譜，如果世代相傳下去，人將在肉化成人的過程中畸形成長。

在人類的實際問題中，這是最嚴重和根本的問題。這個問題在於，兒童擁有主觀的心理生活，雖然它不能表現出來，因為兒童需要長時間艱難和祕密地實現。

這種觀念使人驚奇地看到，那個被禁錮、暗藏的心靈在嬰兒出生後，要努力獲取意識，試圖見到光明，要誕生和成長，逐漸靈化和用意志喚起無行為能力的肉體。然而，在外界環境中，卻有另外一個擁有至高權力的人在等待他，要抓住他，甚至要摧垮他。

外界環境對肉化成人的客觀事實沒有任何準備，因為沒人看到它，也就沒有人期待它（對它沒有任何保護，沒有人幫助它實現）。

肉化成人的兒童是一個靈魂胚胎，他們需要生活在外界環境裡，就像肉體胚胎需要母親懷抱一樣，他們也需要一個特殊的環境，受到一種充滿活力、摯愛和豐富營養的外界環境保護，這個環境專門爲了接納他們而不是阻礙他們。

當成人最終認識到這一點時，他們對待兒童的態度就應該轉變，兒童肉化成人的靈魂胚胎賦予了我們新的責任。

我們喜歡嬌嫩可愛的兒童，把兒童看作我們手中的玩具，只是對他們的身體健康備加呵護，然而他們還有另外一面，我們必須給予兒童最大的尊重。拉丁語是*Multa debetur puero reverential*。

肉化成人透過潛藏的努力得到實現，遺憾的是人們對這種創造性的工作還不了解，還沒有著書立說。

任何剛出生的動物都很難有想去做的感覺，因爲意識還不存在，但這種意識將去指揮，指揮尚沒有活力的東西，讓他具有活力和秩序，讓他感知外界環境，然後再透過身體肌肉即刻努力去實現這種意識。

個體或更準確地說靈魂胚胎，與外界環境發生著交流，透過交流使個體得到發展和完善。這種原有的創造性活動與胎體的活動是一樣的，心臟代表著胎體，在胎兒的生長環境中，心臟透過母親的血管提供營養，確保胎兒肌體各個部分的發育和營養。人的心理個性也透過這樣一種與外界環境相關的「發動機」得到發展和塑造。嬰兒努力去融合外界環境，並透過這種努力形成個性最根本的元素。

這種緩慢和漸進的行動表明精神在持續不斷地獲取工具，同時精神也在不斷努力維護自己的主權，避免行動沉淪於惰性和機械性。精神必須持續指揮行動，不至於受到固定本能的控制和陷入混亂。這種努力使創造力始終得到積極的發展，爲靈魂肉化成人的永久工程做出貢獻。

人就是這樣自我形成了個性，如同胚胎和兒童成爲人的創造者，是「人的上帝」。

那麼，爲人父母又做了什麼呢？

父親只提供了一個看不見的細胞，母親除了一個胚胎細胞外，還提供了一個適宜的環境，爲提供保護和生育創造了必要條件，使胚胎細胞可以自己分裂繁殖，孕育尚無行爲能力和還不能說話的新生兒。父母創造了他們的孩子的說法是不正確的表述，應該說人是由兒童創造的，兒童是成人之父。

人們應該把兒童潛藏的努力視爲神聖的，應該熱情地期望那種勤勉的表現，因爲這個形成時期決定了人將來的個性。

出於這種責任感，人們必須深入和科學地研究兒童的心理需要，爲他們創造一個適宜的環境。

我們正處在一門科學的初始階段，還需要長足地發展。爲此，成人應該用自己的聰明才智，經過不懈努力，掌握人是如何形成的最終奧祕。

第七章　微妙的心理塑造

敏感期

幼小嬰兒的感覺在引導他們進行最初的心理塑造，它可能是潛藏的，還談不上什麼表達方式。

然而，如果人們認爲這種說法不符合事實，例如在語言表達方面，那他是錯誤的。人們可能相信，儘管語言發聲器官還沒有表現能力，但嬰兒的語言表達已經完全在靈魂裡形成。事實上，已經存在的只是構築語言的基本素質。心理世界在整體上都是類似的，語言構成的只是外部表現。嬰兒有創造的天賦，有藉助外界環境建築心理世界的潛能。

對於我們來講，最近在生物學發現的所謂與成長現象緊密相連的敏感期，是非常值得關注的。成長取決於什麼？生物是如何成長的呢？

人們過去所說的發育成長，都是講外在的事實表現，只是在最近才開始探討某些特殊的內部機制。

對此，現代科學研究從兩個方面入手：一是研究與肌體發育成長有關的內分泌腺，由此人們馬上普遍認識到，內分泌腺對嬰兒的發育影響巨大。二是研究敏感期，它從新的角度讓我們了解兒童的心理成長。

荷蘭科學家德弗里斯①發現了動物的敏感期，我們是在學校裡認識到兒童成長過程中的敏感期，並應用於教育。

這是一種特殊的感覺，指在兒童發育成長過程中的感覺，它是過渡性的，只是爲了獲得某種特徵，一旦掌握這種特徵，感覺也就消失了。每種特徵都是借助激發和過渡性的感覺確立的。人的發育成長並不是什麼模糊的東西，或是固定遺傳的必然結果，它是一種受階段性或過渡性本能細微引導的長期工作。本能引導和推動一種確定的活動，這種活動有時與成人的活動有著截然不同的區別。德弗里斯最先在昆蟲上注意到生物的敏感期，昆蟲有一段非常明顯的形成期，在實驗室裡容易觀察到昆蟲的變形過程。

我們仍用德弗里斯所舉的例子，一隻普通蝴蝶的幼蟲。人們都知道，昆蟲的幼蟲生長迅速，大量進食，也破壞了植物。但是，幼蟲最初幾天不能吞噬大的樹葉，只能吃樹尖的那種小嫩葉。

然而，一隻雌蝴蝶出於本能，會爲後代準備一個安全隱蔽的場所，把蟲卵產在相反的地方，即產在樹幹與樹枝連接的角落裡。在破卵之後，是誰告訴幼蟲，牠需要的嫩葉在樹枝的

---

① 德弗里斯（Hugode Vries, 1848-1935），對生物進行實驗研究的荷蘭植物學家和遺傳學家。他的生物突變學說澄清了關於物種變異的本質概念。著有《變異論》和《細胞內泛生論》等。——譯者注

另一端，在上面最高處嗎？是幼蟲對光線非常敏感的感覺。是光線吸引了幼蟲，饑餓的幼蟲會朝著最亮的地方爬過去，爬到樹枝的頂端，置身於嫩葉之中吸取營養。奇怪的是，這個時期結束後，也就是幼蟲生長到可以吃其他東西時，牠便失去了對光線的感覺。這段時期過後，幼蟲對光線已經變得無動於衷，運用本能的時間過去了，本能隨即減弱並完全消失，幼蟲開始自謀生路，尋找其他的生活手段和方法。

幼蟲不是變成瞎子，而是對光線的感覺變得漠然。

而另一種活躍的感覺，頃刻間又將貪吃和破壞植物的蝴蝶幼蟲變成齋戒的苦行僧。在絕對禁食的過程中，幼蟲把自己封閉在一個殼裡，就像死人入棺一樣，牠必須進行繁忙的工作。在那個殼裡，成蟲正在形成，牠將擁有一對美麗明亮的翅膀。

人們都知道，蜜蜂的幼蟲也要經過一段時期，在此期間所有雌性都有可能變爲蜂王。但是，蜂群只會選出一個蜂王，工蜂只爲候選蜜蜂製造一種特殊的物質，動物學家稱爲「蜂王漿」。這樣，候選蜜蜂在蜂王漿的滋養下變成了蜂群的女王。如果經過一段時間，蜂群要另選一個蜂王，此時幼蟲有可能永遠不會成爲蜂王，因爲幼蟲的吞噬期已經過去，牠的身體已經失去發育成爲蜂王的能力。

這一點可以引導人們去認識兒童的一個關鍵問題。差別在於：一個是積極推動，可以完成奇妙驚人的事情；另一個則是無動於衷，進而導致盲目和無所成就。

但在這兩種差別上，成人從外部都不可能有所作爲。

兒童如果不能在他們的敏感期按照感覺指令行事，他們便失去了天然獲取的機會，而且是永遠失去了機會。

在兒童心理發育成長的過程中，他們所獲得的都是奇蹟般美妙的東西，但在我們眼裡早已習以爲常，對兒童的表現失去了感覺。然而，爲什麼從虛無中來的兒童要步入這個複雜的世界？兒童又是怎麼辨別事物，又有怎樣的天賦使他們在沒有人教授的情況下，在生活中就能掌握差別細微的語言？爲什麼兒童在簡單、快樂、不知厭煩的生活中便可以學到，而成人爲了適應新環境卻需要得到很大的幫忙，爲學習一門語言需要刻苦努力，卻永遠也達不到兒童時期獲得的母語那種完美的水準？

兒童是在敏感期中獲取的東西，如同一盞明燈照亮內心，如同一束電流激發出活躍的現象。這種感覺使兒童與外部世界發生非常頻繁的交流，每一次努力都是一種能力的增長。只有在敏感期裡完成獲取時，接踵而來的才是漠然麻木和疲倦。

另外，當一種心理激情熄滅後，會有其他激情迸發，嬰兒就是這樣在充滿活力的心靈震顫中不斷獲取，我們則把它稱爲兒童的喜悅和歡樂。人類正是因爲有這種美麗的心理火花，而且熊熊燃燒，永不耗盡，才能實現創造心理世界的工程。在敏感期消失後，人獲得智慧只能透過思考活動、主觀努力和勤奮的研究，同時，在漠然麻木中便會感到工作的疲倦。在這方面，兒童和成人的心理存在著根本的區別，因爲嬰兒天然奇蹟般地獲取說明他有一種特殊和內在的活力。但是，如果在敏感期有什麼東西阻礙嬰兒的發展，他就會迷茫，甚至扭曲，這就是我們還不了解的兒童的心理痛苦。幾乎所有人在這個方面都有潛意識的心理烙印。

我們至今還未注意到兒童心理的發育成長，即個性特徵主動獲得的工作。但在長期的實踐經驗中，我們已經看到，當外界阻礙他們的活力發展時，他們的反應非常痛苦和強烈。由於無法解釋這些反應的原因，我們便認爲是無理的，並根據他們的反應盡力安撫。我們經常把一些現象籠統稱爲任性，然而這些現象是有差別的。對於我們來講，所有沒有明顯原因、無邏輯和無法說服的行爲，我們都認爲是任性，我們也看到某些任性行爲隨著時間發展不斷嚴重，因而成爲持續表現的永久性原因的發端，但是我們還沒有找到明確的補救方法。

現在，我們能夠用敏感期來解釋很多兒童的任性行爲，我們不可能解釋所有任性的原因，因爲有些是與內在心理衝突不同的原因，很多任性行爲是偏離正常後被錯誤對待的結果，問題變得日趨嚴重。而與敏感期有關的，聯繫到內在心理衝突的任性行爲是過渡性的，如同敏感期也是過渡性的一樣，它在個性特徵中不會留下痕跡，卻能給心理健康發展造成最嚴重的後果，它對於確立未來的心理生活而言是無法彌補的。

敏感期的任性行爲是其需要無法得到滿足的外在表現，是錯誤的環境條件和危險的警報。如果能夠理解和滿足兒童，任性就會馬上停止，馬上可以看到兒童，甚至可以從一種病態的激動轉變爲安靜。因此，我們有必要探究一下稱爲兒童任性表現的原因。我們總是疏忽它，而它卻可以引導我們深入到兒童心靈神祕的背後，在與兒童的關係上醞釀一種理解和寧靜的氛圍。

探究敏感期

肉化成人和敏感期可以比作在心理發育過程中，位居深處的一個開放的通道，似乎使我們能夠隱約看到促進兒童心理發育成長內在的生理器官。它顯示出兒童心理成長不是偶然的或受外部世界的刺激，而完全是受過渡性感覺的引導，這種過渡性感覺是暫時的本能，人獲得一些個性特徵與暫時的本能密切相關。儘管這一切都建築在外界環境之上，但外界環境本身卻不具備重要的影響力，只不過爲心理發育提供了一種必要的工具，它就如同肌體發育從外界環境獲得生命的一種手段，需要營養和空氣。

是兒童內在的感覺引導他們在多樣性的環境中，選擇他們所需要的東西和有利的成長條件。怎麼引導呢？感覺引導敏感的兒童趨向某些東西，對另外的東西則無動於衷。當這種感覺在兒童內心點燃時，就如同射出一束光線，照亮他們想要關注的事物，而不是其他事物，那裡成爲他們全部的世界。然而，兒童感覺所表現的並不完全是一種趨向那種環境或吸收那些內容的強烈願望。在兒童的內心裡還存在著另外一種獨特的特質，即利用感覺到的事物引導他發育成長，因爲兒童是在敏感期開發心理，使他們能夠適應外部環境，或在心靈深處掌握激發各種活動方法的能力。

正是兒童感覺外界環境的關係問題，使我們可以探究精神胚胎創造成長奇蹟最深層的奧祕。

我們可以想像由一系列源自潛意識的激情所產生的這種神奇的創造性活動，它在與外界環境接觸中締造了人的意識，從混沌走向清晰，繼而發揮創造，比如說，我們掌握語言的過程。

在掌握語言的過程中，對兒童來講，外界環境裡最初只是雜亂無章和無法捉摸的聲音。突然間，他會感覺到有一些清晰和吸引人的，但還不能聽懂的某種語言的發音，兒童沒有思維的靈魂在聽著某種音樂，音樂充滿了他們的世界。於是，兒童的神經纖維發出顫動，不是全部的神經纖維，而只是那些隱藏的，過去一直用作胡亂哭叫的神經纖維，它們被喚醒，改變方式，進行有序的和有節奏的顫動，並爲精神胚胎的發展開創了新的時期。但是，這種努力只集中於現時存在，未來的成功還尚未可知。

漸漸地，兒童的耳朵開始能夠辨別，過去只用作吸吮的舌頭也開始新的活動，開始感覺到內在的顫動，並受一種無法抵抗和頑強力量的驅使，與喉嚨、嘴唇和臉部配合。這是生命的顫動，除了無法言表的享受以外，還沒有其他用途。

兒童各個部分的肌體都表現出這種發自內心的極大享受，他會蜷縮四肢、握緊拳頭、抬起頭轉向說話的人，目不轉睛地盯著說話人的嘴唇。

兒童此時正在經歷敏感期，天賦的本能吹動了他們柔弱無力的肌體和心靈。

兒童內心歷程是一種愛的歷程，是在兒童內心深處唯一巨大的現實，也是兒童不斷去充實的唯一巨大的現實。這種神奇的活動在默默地進行著，將會留下難以泯滅的痕跡，使人變得更成熟，具有更高尚的品格，而且這種品格將伴隨人的一生。

因此，如果外界環境條件足以滿足兒童內在的需要，那麼所有的一切都會在不知不覺中靜靜地發生。例如語言現象，兒童周圍總有人講話，爲他語言的形成提供了必要的條件，因此兒童的心理刺激最活躍，它隱藏在內心深處，也最符合兒童的敏感期。但是，我們從外部所能觀察到的兒童的感覺，只有兒童的微笑。當人們對他直接說一些能讓他區別發音，如同像區別教堂鐘聲一樣清晰的短語時，他會表現出快樂。還有在晚上，兒童在平和的氣氛中安靜下來，成人對他不斷重複呢喃之時，他便會在悅耳的音樂中出離意識，走進夢鄉。正是因爲我們知道這些事情，所以我們會對兒童甜蜜地私語，換取他充滿生命活力的微笑。也正因如此，人們從遙遠的時代起，就知道在夜晚守護在孩子身邊，因爲他在焦急呼喚和企盼聽到故事和音樂，期望得到安慰。

我們可以說，這些都是兒童創造性感覺的積極一面。還有其他一些方面，也是非常明顯的，但卻是消極的，特別是在內心感覺受到外界環境阻礙的時候。此時，兒童在敏感期的反應非常強烈，表現出絕望，而我們卻認爲沒有原因，稱爲任性。任性是內心紊亂、需求得不到滿足而產生的一種緊張情緒的表現，代表著內心靈魂試圖索取或者自我保護。

於是，兒童有更多無益和無理的行為表現出來，可以把它比作身體突然發高燒，卻沒有相應的病理原因。我們都知道，兒童的特點是因為一點小病，體溫就會升得非常高，而成人卻可能保持正常。這種奇怪的發燒來得快，去得也快。同樣，在心理方面，兒童由於非常敏感，會為小小的原因而特別緊張衝動。這種反應是我們經常看到的。事實上，兒童的任性從出生起就已經反映出來，過去被認為是人類天生的劣根。但是不然。如果我們把功能的失調稱為功能性疾病，那麼，我們也應該把有關心理的失調稱為功能性疾病。兒童最初的任性就是最早的心理疾病。

我們注意到兒童的病理特徵，因為病理特徵是最先看到的，但是，問題所在和引為思考的並不是安撫，而是心理紊亂和失去條理，所以明顯反映出來的不是自然規律，而是錯誤。沒有人注意到兒童讓人難以琢磨的異常現象，這種現象伴隨著兒童的心理塑造過程或塑造形成的個性特點，而此時塑造和形成的結果仍是隱藏的。

發生在生命體上的事情與我們製造產品如出一轍。製成品放在櫥窗裡，加工廠卻是不對外開放的，儘管加工廠比產品更引人感興趣。毫無疑問，人體功能各個內在器官的運動同樣令人歎為觀止，但卻看不見摸不著，擁有生命依存器官的人意識不到本身器官奇妙的整體活動。大自然在靜悄悄地工作，猶如基督慈愛勸言中所描述的：「不要讓你的右手知道你的左手在做什麼。」這種能量結合在一起的和諧平衡，我們稱為「健康」和「正常」。健康是在局部之上的整體勝利，是事業達到共同目標的成功。

我們在客觀地觀察疾病的所有細節，而神奇的健康問題卻有可能從我們眼前悄悄溜走，不被我們注意到。在醫學史上，人們從遠古時代就知道了什麼是疾病，還留下了史前人類外科手術的痕跡，醫藥可以追溯到古埃及和古希臘文明時代。但是，發現人體器官功能則是近代的事情。十七世紀人們發現了血液循環，一六〇〇年才開始透過人體解剖研究內在器官，繼而研究病理和疾病，並逐漸深入和間接發現了人體正常功能的生理祕密。

兒童正常的心理發展深深隱藏著，而我們僅強調兒童的心理疾病並不奇怪。如果能想到兒童的心理功能極其微妙，在隱藏之中祕密塑造，沒有任何表現的可能，那就更容易理解了。

這種說法似乎有點出人意料，但卻不是荒謬的。成人只認識到兒童的心靈疾病，卻沒有意識到健康問題，這是因為兒童的心靈就像過去未曾發現的所有宇宙能量，隱藏在深處。健康的兒童彷彿上帝按他的原型相貌造人的神話，但是沒有人認識上帝，只有透過祂創造的人認識原來的上帝。

如果不給兒童提供任何幫助，如果沒有為兒童創造良好的外界環境，他的心理生活將持續處在危險之中。兒童對外部世界而言就像一件「陳列品」，一個棄兒，面臨著某些不利境遇，他要為心理生存本能地進行現實的博鬥，其結果對於最終個人的心理塑造是至關重要的。

成人不去幫助兒童，因為他們甚至完全忽視了弱小兒童所做的頑強努力，因此也就沒有注意到他正在「創造奇蹟」，然而，這是一個表面上看似沒有心理生活的人在創造從無到有的奇蹟。

為此，我們應該用一種新的方式對待兒童。過去我們把兒童只看作是一個生長的肌體，只需要衛生護理。現在應該首先關注兒童的心理表現，我們的行為目的是應該為了我們所期待的，而不是針對已經發生的。成人不能對新生兒心理正在形成的現實視而不見，必須在兒童心理發展的初期伴隨他和幫助他。但是，成人不能參與兒童塑造，因為它是大自然的使命，成人應該注意尊重兒童心理塑造過程中的表現，為他的心理塑造提供必要的手段，也就是提供那些兒童無法以自身能力獲得的手段。

如果是這樣，如果健康的兒童有祕密潛藏的能量，如果兒童心理生活出現功能失調和疾病，我們就應該考慮到一定會有大量扭曲的情況發生。在我們還沒有兒童保健知識的時候，兒童死亡的數字驚人，這還不只是過去唯一的現象，在倖存的兒童中，有多少人失明、佝僂、跛腳、癱瘓，又有多少人畸形和身體器官虛弱，使他們容易受外界病菌的傳染，患上結核病、痲瘋病、淋巴結核病。

在兒童心理上，同樣的情況擺在我們面前，但我們卻沒有任何兒童心理保健的知識，沒有良好的外界環境保護兒童和拯救兒童。相反地，對於兒童試圖創造和諧的心理以及他們隱藏在深處的能力，我們甚至不理會它的存在。

有多少死亡，有多少畸形、失明、體弱、發育遲緩，還有傲慢、權慾、吝嗇、憤怒、混亂造成一種心理功能的紊亂。這一切並非誇大其詞，也不是比喻，而是一個剛剛走出過去的肌體在精神上所能表現的可怕現實。

生命之初的某些細微的原因可以造成最深刻的偏離。人在一個不屬於他自己的心理環境中發育和成熟，正如古人所說的，人活著卻失去了生活的天堂。

觀察與例證

嬰幼兒存在心理生活，無法透過科學實驗的方法證明，比如透過實驗心理學的方法，或是透過幾位現代心理學家試驗對兒童進行感覺刺激，吸引他們的注意力並等待某些代表「心理回答」的激發表現方法。

透過對一歲以內的嬰幼兒進行實驗證明不了任何東西，因爲與運動器官相連的心理關係已經存在；也就是說，心理激發或肉化成人已經在發展階段。

心理生活的存在是必須的，即使是胚胎，心理生活也先於任何主動運動之前存在。

總之，第一個刺激來自感覺，就像萊文透過心理電影所展示的，一個嬰兒如果想得到一件物品，他整個的身體會緊張起來，爬向那個物品，而只有在較長時間過去後，當他協調功能獲得進步，有可能分開不同動作時，他才會只把手伸向他想要的物品。

另一個例證是四個月大的嬰兒，他會盯著講話人的嘴，含糊不清地嚅動嘴唇，更重要的是他的頭部完全僵直，好像被那種有趣的現象吸引住了。只有到六個月大時，嬰兒才開始發出幾個音節。在發出有節奏的聲音前，嬰幼兒會敏感地注意積累發音並暗自激發他的語言器官，這說明感覺已在心理激發行爲之前存在。這種感覺只有透過觀察而不是實驗的方法，才能得到印證。實驗心理學者進行的實驗，只是驗證外在的客觀事實，不是針對當下而且是從外部刺激兒童的創造能力，還有可能對兒童隱祕的心理發展造成傷害。

對兒童心理生活進行觀察，必須使用法布爾②研究昆蟲的方法。法布爾在昆蟲自然生長的條件下進行現場觀察，自己躲在暗處不去打擾它們。同樣，我們應該在兒童感覺和感官抓住外界事物並累積意識印象時開始觀察，因爲一種生活正在藉助外界環境本能地發展。

要幫助兒童，沒有必要把觀察變得複雜化或是對觀察進行過多的解釋，只要我們願意幫助兒童心靈的成長就足夠了，因爲良好的願望將使我們成爲兒童的夥伴。

我們從一個最明顯的細節舉例，便可以說明觀察過程是如此簡單。嬰兒不能站立，所以人們認爲嬰兒要保持平躺著。嬰兒應該從天空到地面的外界環境中得到最初的感覺印象，但是他卻看不到天空。事實上，他只能看到天花板，極有可能是光滑潔白的天花板，或是床上

---

② 法布爾（Jean Henri Fabre, 1823-1915），法國昆蟲學家，以研究昆蟲解剖學及行爲而著名。寫過許多科普讀物，如《昆蟲記》等。——譯者注

的被單。但是，嬰兒總是要透過視覺抓住能夠促進他精神發展的最初印象。兒童需要看到某種東西的觀點引發人們給嬰兒看一些物品，改變欠缺和孤單的環境條件。於是實驗心理學的實驗方法是在嬰兒床邊用繩子懸掛一個球或者是其他晃動的物體，用於分散嬰兒的注意力。渴望抓住環境印象的嬰兒會盯著眼前晃動的物體，由於還不能活動頭部，嬰兒只有不自然地努力轉動眼睛。這種不正常的努力不是因爲物體本身，而是因爲嬰兒的體位對於物體晃動而言不自然所導致的。

只要抬起嬰兒，把他放在一個略微傾斜的平面上，問題就解決了，這樣他就可以看到整個周圍環境。更好的方法是把嬰兒抱到花園裡，讓他看到微微搖動的樹枝，身邊盛開的鮮花，還有小鳥。

應該在較長的一段時間裡，把嬰兒放在同一個地方，讓他經常見到同樣的東西，這樣嬰兒便可以學會識別這些東西以及它相應的位置，學會區分移動物體的運動和生物的運動。

第八章　秩序

兒童對秩序極爲敏感的時期是兒童最重要也是最神祕的敏感期之一。這種感覺在兒童一周歲內就已經表現出來，並一直持續到二周歲。

兒童對外界秩序有一段敏感期，這對我們來講可能覺得奇怪和難以想像，因爲我們普遍認爲兒童天生就沒有秩序感。

如果兒童不是生活在城市住宅那樣一個封閉的環境裡，有大大小小的物品，成人會挪動和搬來搬去，與兒童毫無關係，就比較難解釋這種微妙的說法。如果說兒童對秩序有一段敏感期，也正是在這個敏感期，他會遇到很大障礙，使他的心理處於一種不正常的狀態。

是啊，有多少次嬰兒會不明不白的哭泣，而且還得不到安慰？

在幼小兒童的心裡存在著深邃的奧秘，但生活在他身邊的成人還不了解。

不管怎樣，不要再懷疑兒童有著隱含的需求。成人應該給予關注，觀察兒童所表現出的特別感覺。

幼小的兒童有熱愛秩序的特點。在一歲半到兩歲之間，儘管形式上仍有些模糊，但幼小的兒童已經明確地表現出對外界秩序的要求。兒童不能生活在秩序混亂的環境中，他會感到痛苦，聲嘶力竭地哭喊，甚至長時間情緒激動，成爲一種疾病。成人和較大的兒童容易疏忽並造成混亂，幼小的兒童卻馬上能夠察覺到。很明顯，兒童對外部環境的秩序感隨著年齡的增長逐漸消失，這是一種階段性的感覺，是人類發育成長過程中的敏感期之一，而且是最重要和最神祕的敏感期之一。

但是，如果外部環境不適合，而且兒童整天與成人相處，這種非常有意思和潛移默化的感覺就會表現出憂傷、迷惑不解和任性。

要想讓兒童對秩序感有積極的回應，即兒童在滿意時表現出熱情和快樂，我們成人需要對兒童心理學進行全面研究。實際上，兒童對秩序的敏感期在嬰兒出生後的前幾個月就已經表現出來。但是，只有那些有經驗的、懂得我們觀察方法的保母可以舉出一些事例。我想講一個保母的例子，她發現，她帶著一個五個月大的女嬰在花園慢慢散步時，小推車中的女嬰對一塊嵌在灰色老牆上的白色大理石石碑非常感興趣，而且顯得很高興。儘管花園裡到處是漂亮的鮮花，但女嬰在每次都一樣的散步時，來到石碑前都表現得很興奮，所以保母每天都把小推車停在石碑前，而一塊石碑能給一個五個月大的嬰兒帶來持久的快樂，眞是很難想像。

對秩序構成的阻礙或許可能說明兒童敏感期的存在，或許兒童大部分早期的任性行爲正是因爲對秩序的敏感造成的。我想舉幾個現實生活中的例子。比如，家庭裡的小小一幕：主角是一個六個月大的女嬰。一天，在育嬰室裡，也就是女嬰經常待的房間，來了一位婦人，婦人把陽傘放在一張桌子上。女嬰顯得很激動，但不是對婦人，而是對那把陽傘。女嬰盯了很長時間後，開始哭泣。婦人以爲女嬰想得到陽傘，於是像寵孩子一般，抓起陽傘微笑著遞給她。但是，女嬰拒絕了陽傘，繼續哭叫。同樣又試了幾次，但是女嬰顯得越來越激動。這就是嬰兒自出生後就可能表現出來的早期任性行爲。該怎麼辦呢？這時，對我們所講的兒童心理表現有所了解的母親從桌上拿起陽傘，把它放到別的房間裡，女嬰馬上就平靜下來。女嬰痛苦的原因是桌子上的陽傘，因爲物體離開了原有的位置，嚴重干擾了女嬰需要記住的物體原來所在位置的習慣情景。

另外一個例子是一個比較大的幼兒，年齡有一歲半，是我本人親身經歷的事。有一次，我與一小群人一同經過那不勒斯的尼祿岩洞，我們當中有一個年輕的婦女領著一個小孩，孩子實在是太小了，不能徒步走過整個山底下的岩洞。

孩子眞的走了一會兒就累了，於是這位婦女把孩子抱起來。但是，她沒有想到自己的力量能堅持多久。不久，她熱得出汗了，於是停下來，脫掉外衣並放在手臂上，然後再抱起孩子。孩子開始哭了，而且聲音越哭越大，越哭越厲害。母親怎麼安慰孩子都是徒勞的，最後她精疲力竭，情緒變得焦躁。所有在場的人都感到不安並想幫助母親。於是，孩子被抱過來抱過去，可是他卻變得更加激動。每個人都試圖安慰他，也責備他，但形勢更加惡化。這時，大家都認爲需要母親抱回去才行。但是，此時孩子已經到了任性的頂峰，幾乎到了無法收拾的地步。

導遊走過來，用他男人粗壯的手臂把孩子緊緊抱在懷裡，可是孩子馬上做出猛烈抗爭的反應。我想，這些反應總是有內在心理感覺的原因。於是我想嘗試一下，便走到孩子母親身邊，對她說：「夫人，我能幫您把外衣穿上嗎？」孩子母親驚訝地看著我，因爲她仍然感到很熱，但還是猶豫地聽了我的話，穿上了衣服。孩子馬上就平靜下來，不再哭也不再激動了，還不停地重複：「你，衣服。」意思是說：「外衣穿在身上」，是的，媽媽應該把外衣穿在身上。他是這樣想的：「你們現在終於明白我了。」就這樣，孩子又伸手要媽媽抱，笑著回到媽媽懷裡，整個旅行也非常平靜地結束了。外衣必須穿在肩上，不能像一塊破布一樣搭在手臂上，母親本人弄亂秩序成爲焦躁衝突的原因。

我還經歷了另外一個家庭場面，非常具有說明意義。一位婦女身體不適，坐著或更準確地說是半躺在扶手椅上，女傭給她在後背墊了兩個枕頭。已經有二十個月大的女兒走到媽媽面前，要媽媽講故事。當媽媽的怎麼能夠不滿足孩子聽故事的願望呢？媽媽儘管感覺身體不舒服，還是開始給女兒講童話故事，小女孩全神貫注地聽著。但是，母親眞是感覺很痛苦，無法再繼續講下去，於是站起來，讓傭人扶到隔壁臥室的床上休息。扶手椅邊的女孩開始哭起來，大家以爲女孩子是爲母親難過，所以都過去安慰她。但是當女傭從扶手椅上拿起枕頭，準備送到臥室時，女孩叫了起來：「不，枕頭，不！」她像是在說：「至少有些東西要留在原來的地方！」

大家用甜言蜜語哄著女孩到母親床前，母親儘管很痛苦，還是盡力繼續講故事，想著這樣就可以滿足孩子的願望。但是，女孩滿臉淚水哽咽著說：「媽媽，椅子。」那意思是說，媽媽應該繼續坐在扶手椅上講故事。

童話故事已經不能再引起女孩的興趣，周圍環境改變了她的注意力。媽媽和枕頭變了位置，美麗的童話故事在一個房間開始，卻在另一個房間結束，這一切引起女孩內心難以彌合的強烈衝突。

這些事例說明兒童有著很強的秩序本能。令人驚奇的是，這種本能非常早地就表現出來。一個兩歲的兒童對秩序的需要已經不再困擾兒童，而是轉化為激發兒童做出現實行動的反應。其中一個有趣的現象是我們在學校裡可以看到的：如果一件物品不在原來位置上，一個兩歲的兒童會發現並把它放回原處。兒童還會注意到秩序混亂的微小細節，而成人或大孩子即使從旁邊經過也不容易察覺到。例如，如果一塊小香皂放在小檯子上，而不是放在原來的香皂盒裡；或者是一張椅子斜放著或不在原來的位置上，一個兩歲的兒童會馬上發現並整理好。慶祝巴拿馬運河通航當年，我們在舊金山展覽館主廳裡用玻璃建了一所學堂，所有人都可以在那裡觀察到類似的情況。一個兩歲的兒童在幼兒園一天的活動結束後，會主動把椅子靠牆排列整齊，同時他好像在思考。一天，他在放好一張大椅子時，顯出有些猶豫，接著他又重新回去把椅子擺放得略微傾斜，他認為這就是原來的位置。

可以說，秩序是一種令人興奮的刺激，一種主動的召喚。不僅如此，秩序還有更多的內涵，它還是一種享受生活的現實需要。事實上，在我們的學校裡，那些較大的三、四歲的兒童在活動結束後，也會把東西放回原處。毫無疑問，這是他們自發而且是最開心的工作。物品擺放有序意味著知道物品在環境中的空間位置，可以記住在何處找到，因而也就意味著能夠在環境中辨別方向，掌握環境中所有的細節。內心所嚮往的環境應該是熟悉的，可以閉著眼睛活動，所有想找的東西都可以觸手可及，因而成為生活安寧幸福的場所。當然，很明顯地，兒童理解的「愛秩序」並非我們一般認爲和表達的意思。

對於成人來講，它是一種外來的快樂，甚至是有些無所謂的愜意之事。但是，兒童卻是在藉助環境發育成長，這種帶有創造性的成長過程不可能在一種模糊不清的程序中進行，它需要準確和特定的引導。

對於兒童來說，秩序就像動物行走需要有支撐牠的地面，魚兒離不開水一樣，兒童在嬰幼兒時期就開始從環境中獲取辨別的因素，在環境中，心靈爲將來的收穫在積極地行動。

一些幼兒遊戲反映出兒童對秩序超乎尋常的快樂。令我們奇怪的是，這些遊戲只反映出在原地找到物品時單純的快樂，並沒有內在邏輯性。在介紹之前，我想講一下日內瓦教授皮亞傑[①]對他的孩子所做的一次實驗。他把一件物品藏在椅子的坐墊下，然後把孩子帶開，再把這件物品從坐墊下拿出來，放在對面椅子的坐墊下。教授的想法是，孩子在原來的地方找不到東西，會繼續找。爲了方便尋找，教授把東西放在了同一類的地方。但是，孩子只掀起第一隻椅子的坐墊，然後說：「沒有了。」他卻不會繼續找失蹤的東西。於是教授重複實驗並讓孩子看到他把物品從一張椅子上轉移到另一張椅子上，但是孩子仍然重複了第一次的

---

① 皮亞傑（Jean Piagen, 1896-1980），瑞士心理學家，兒童發展心理學的奠基人，公認的二十世紀發展心理學的主要代表人物。提出了發生認識論，研究了兒童思維能力的發育過程。——譯者注

動作和說法：「沒有了。」教授開始認爲他的孩子太不聰明了，有些不耐煩地從第二張椅子上掀起坐墊，說：「你沒有看到我把它放在這裡嗎？」孩子指著第一張椅子回答：「看到了，但是東西應該在這裡。」

兒童的興趣並不是找到東西，而是東西應該回到原來的位置上。毫無疑問，他所想的是教授並沒有明白這個遊戲的意義。遊戲難道不是在原來的位置上找到東西嗎？如果東西不回到原來的位置上，即放在第一隻椅子的坐墊下，遊戲還有什麼意思呢？

當我看到二、三歲的兒童玩捉迷藏的遊戲時，我感到非常驚訝。他們特別渴望玩這種遊戲，而且玩的時候顯得非常興奮和開心。他們捉迷藏的遊戲是：一個小孩當著其他孩子的面藏到臺布垂到地面的小桌下，之後孩子們離開房間，然後再進來，掀開臺布找到躲在桌下的同伴，高興地大叫大嚷。這個遊戲一遍又一遍地重複，每個孩子都會說：「現在，我來藏。」然後便躲在小桌底下。有幾次，我看到幾個大孩子與一個小孩子一起玩捉迷藏的遊戲。小孩子躲在一件家具的後面，大孩子們進來後，裝作沒看到他，到處找，以爲這樣可以讓躲著的小孩子高興，但是小孩子馬上叫起來：「我在這裡啊！」那語氣是說：難道你們剛才沒看見我在這裡嗎？

有一天，我也與一群小孩子們玩起捉迷藏的遊戲。他們找到了藏在門後的同伴後，高興地拍手雀躍。後來，他們走到我面前，對我說：「和我們一起玩吧，你藏起來。」我同意了。於是，像其他孩子躲藏時，他們不可以看到一樣，孩子們都誠心誠意地跑了出去。但是我並沒有藏在門後，而是躲在櫃子後面的角落裡。孩子們進來時，都跑到門後找我。我等了一會兒，看孩子們不再找了，我才從藏身的地方走出來。孩子們傷心失望地說：「你為什麼不願意跟我們玩？你為什麼不藏起來？」

如果玩遊戲真是為了尋找快樂（事實上，兒童雖然在不斷重複著自己荒誕的遊戲，但他們卻是快樂的），那麼可以說，一定年齡層兒童的快樂就是能夠在原位上找到東西。他們把藏起來解釋為，物體的位移是在隱藏的地方，或者是在看不見的地方找到原來的東西，好像他們的心裡在說：「雖然從外面看不到，但我知道在哪裡，我能閉著眼睛找到東西，它肯定在原來的地方。」

這顯示了，兒童有天賦的秩序感，正如建立內在的感覺並不是區別物體本身，而是物體之間的相互關係，它與整個環境是聯繫在一起的，各個部分相互依賴。因此，在這個整體環境中進行活動就可以辨別方向並達到目標。如果不能獲得這種感覺，也就失去了生活中事物關聯的基礎，就好像家具沒有家時該放在哪裡呢？同樣，如果沒有排列圖像的秩序，聚集的圖像又有什麼用呢？如果人只認識物體，卻不知道它們之間的關係，他就會處在一片混亂之中，找不到出路。正是在兒童期，人開始建立思維，才有可能在生活中辨別方向，適應環境，引導自己前進，這一切表面看上去似乎是天賦自然的。在對秩序的敏感期裡，大自然給人上了第一堂課，就像老師教孩子看教室平面圖，以此開始學習地圖，認識地球上的知識一樣。可以說，大自然給了人類在世間辨別方向的指南針。同樣，它也給了兒童準確複製語言發音的能力，因而成人可以始終不斷地使用，使語言無限地發展。人類的智慧不是憑空而來的，它建立在兒童敏感期營造的基礎之上。

內在秩序

兒童的秩序感同時存在於兩個方面：外部的秩序感，是指環境組成部分之間的相互關係；內在的秩序感，則是對身體各部分在運動和位置上的感覺，可以稱作內在方位。

內在方位一度是實驗心理學的研究主題。實驗心理學認爲肌肉存在感覺，因此肌肉能夠意識到身體四肢所在位置，固定成一種特殊的記憶：「肌肉記憶」。

這種看法完全是一種建立在意識行爲經驗基礎上的機械論。例如，這種理論認爲，如果一個人伸手去拿一樣東西，那個動作就會被感知和記憶，可以重複進行。這樣，這個人就有了方位感，可以根據之後獲得的經驗，按照自己的意志和願望，決定是用右手還是左手，向左轉還是向右轉。

但是，在兒童身上卻呈現，在能夠自由運動和獲得經驗以前，存在著一個非常發達的、有關身體位置的敏感期，也就是大自然爲兒童創造了一種對身體姿態和位置特殊的感覺。

傳統理論講的是神經傳導，而敏感期涉及的是心理現實，是心靈的照耀和震顫，爲意識的形成打下了基礎。它是自然形成的能量，爲的是組成根本的心理因素，並因此建立未來的精神世界。所以，這種可能性是天賦自然的，意識經驗只不過是對天賦的不斷發揮。反面的證據更能充分說明敏感期的存在，尤其是當外部環境阻礙心理塑造正常發展的時候，兒童焦躁不安的反應，往往又是非常激烈的，甚至造成病症，持續長久，難以治癒。

但是，一旦去除阻礙，所謂的任性和病症就會馬上消失。這一點充分說明了現象的根源。

我舉一個有趣的事例，能夠說明問題。一位英國保母要離開主人家和她照顧的嬰兒幾天，於是讓另一位同樣能幹的保母暫時頂替。第二位保母覺得照顧這個嬰兒很容易，但除了在給嬰兒洗澡的時候。因爲嬰兒在洗澡時非常煩躁，絕望地掙扎，不僅僅是哭喊，而且還拼命地反抗，想掙脫保母的手。保母想盡辦法爲嬰兒洗澡做好準備，但都是徒勞的，嬰兒開始慢慢對保母反感。第一位保母回來後，嬰兒恢復了原來的乖順和安靜，高興地讓保母洗澡。這位保母曾在我們的學校學習過，所以她很想尋找上述現象的心理因素，於是非常耐心地探查和求解嬰兒期這些不完整的語言。

她發現了兩個問題：嬰兒認爲第二位保母很壞。爲什麼呢？因爲她是反方向給嬰兒洗澡。另外，兩位保母比較起來不一樣，第一位保母是用右手托頭，左手托腳，而第二位保母習慣反過來做。

我還想講另外一個例子，其中兒童躁動的情況更加嚴重，甚至出現病症，而且很難查明原因。我當時身處其中，雖然不是以醫生的身分參與其中，但我能夠協助解決問題。這個孩子還不到一歲半，與他的家人一起在外旅行了很長時間，大家當時都認爲這個孩子是因爲年齡太小，旅行之後過度勞累。家人講他們旅行中沒有出任何事，每天都住在豪華的酒店裡，每到一處都有爲孩子專門準備的嬰兒床和嬰兒食品。他們現在住在一所舒適的、家具齊備的公寓房裡，但是沒有嬰兒床，孩子與媽媽同睡在一張大床上。孩子的病症開始時是夜間躁動和消化不良。每天晚上都需要抱著他走來走去，他的哭喊被認爲是腹痛的原因。家人請來幾位兒科醫生，其中一位醫生配了一些精心調製的維生素食品。然而，不管怎樣，就是日光浴、散步和最現代化的身體理療也沒有任何作用，孩子的情況越來越惡化，每天讓全家痛苦地徹夜不眠。孩子最後出現痙攣，在床上抽搐，激烈地痙攣，而且每天都會痙攣二、三次。於是，家人決定向最著名的兒童神經病專科醫生諮詢，並約定了諮詢時間，我正是這種情況下參與的。孩子看上去很健康，根據父母的講述，孩子在整個旅行過程中也是健康和安靜的。因此，這些症狀可能有心理原因，我得出了這種印象。此時，孩子躺在床上，還在躁動，我搬過來兩張扶手椅，面對面放好，擺成一個靠背圍住的小床，就像一張嬰兒床。我在裡面鋪上被子和床單，沒有說任何話，把它放到床邊。孩子看著它，停止了哭叫，然後翻滾到床邊，掉進臨時搭成的嬰兒床裡，說：「卡瑪，卡瑪，卡瑪。」他馬上睡著了。從此他的這些病症再也沒有出現。

很明顯，兒童對圍繞他身體的小床是敏感的，他的四肢可以找到依靠，而大床對他沒有保護。因此，在他心裡出現了無秩序的方位感，成爲痛苦衝突的內因，而那麼多的醫生卻想要透過治療解決問題。可見，兒童敏感期的力量如此之大，敏感期投射出天賦創造力的巨大能量。

兒童對秩序的感覺與我們不同。我們已經有了豐富的印象，變得麻木，兒童則是一無所有的，感覺原本是空無的。兒童所做的一切都是從無到有，他只會感到創造的勞累並承繼他創造的成果。我們就好像孩子，大人用辛勤的汗水創造了財富，而我們卻一點也不理解我們的父親付出的奮鬥和勞累。我們自覺高人一等，變得冷漠，忘恩負義，因爲我們認爲已經應有盡有，獲得了很好的社會地位。如今，我們需要用理智思考：兒童爲我們做好了準備，意志是兒童爲我們建立的；肌肉是兒童爲我們啓動的，讓我們可以運用；我們在世間自由活動，方向自如，是因爲兒童爲我們提供了這種可能。我們能夠感覺自己，是因爲兒童爲我們準備了感覺。我們擁有了財富，因爲是兒童讓我們繼承，爲我們的生活從無到有打下了所有的基礎。兒童爲完成人生第一步，即從一無所知到掌握基本原則付出了極大努力。兒童是如此接近生活的前沿，他爲行動而行動。他就是這樣去創造，不爲人所知，也無法回憶。

第九章　智慧

心理學機械論認爲，兒童的智慧是從外部緩慢發展起來的。這種理論至今仍在純科學、教育以及對待兒童方面有著很大的影響。也就是說，外界事物的形象幾乎是強行敲開和闖入感覺的大門，形象透過外部刺激傳播進來，占據了心理空間並與之結合在一起，然後慢慢進行組織，最終形成智慧。但是，兒童的表現卻並非如此。

有一句古話簡要概括了全部問題：「除了已有的感覺，思想是空無的。」這種概念設定兒童心理是被動的，受外界環境的支配，因此完全聽從成人的指令。除此之外，還有另外一種普遍公認的假設，即老式教育所說的，兒童心理不僅是被動的，而且像一個空瓶子，是一件需要塡滿和塑造的物體。

我們的經驗並不排斥思維形成過程中環境因素的重要性。眾所周知，我們的教育學把環境看作是非常重要的，是我們建立教育學的核心。另外，我們從根本上是系統地探究兒童的感覺，而其他教育法是從來沒有做過的。然而，兒童是被動的老觀念與現實有著微妙的差異，這就是兒童存在內在感覺。兒童有一個較長時間的敏感期，可以持續到五歲，使他能夠神奇地掌握外界環境的形象。透過感覺，兒童主動地觀察形象，與人們通常說的兒童像鏡子一樣接收形象完全不同。他是憑著內在衝動、感情和特殊的愛好去觀察。因此，他在選擇形象。詹姆士①向我們闡述了這一概念，他說，沒有人能夠看到事物的每個細節，每個人只根據自己的感覺和興趣看到其中的一部分。所以，每個人對事物的描述與其他人都是不同的。詹姆士所舉的事例是非常生動的。他還說：「如果你有一件新衣服，而且很滿意，你在街上就會特別注意別人穿著講究的衣服，那你恐怕就會倒在車輪下。」

現在，人們可能會問，幼小兒童要在他遇到的外界環境浩瀚混雜的形象中進行選擇，他的考慮在哪裡呢？很明顯，兒童不可能像詹姆士所說的一樣，受到源自外界先入爲主式的推動，因爲他還沒有經驗。兒童最初一無所知，而且是自我主動前進。就問題而言，敏感期裡圍繞內在行動的核心是理性。推理作爲一種自然和創造性的能力，慢慢發芽成長，就像有生命的東西成長一樣，它在捕捉環境形象的基礎上實現。

這是一種無法阻擋的力量，一種天然的能量。組織形象爲的是進行推理，兒童最初捕捉形象也是爲了推理服務。爲此，兒童是積極的，甚至可以說是如饑似渴的。人們都知道，兒童特別容易被光線、色彩和聲音所吸引，而且感覺非常快樂。但是，我們想說明一下內在的事實，儘管這種推理還處在萌芽時期，但推理是第一動因。我們無需再說兒童的心理狀態

① 詹姆士（William James, 1842-1910），美國哲學家和心理學家，實用主義哲學運動和功能主義心理學運動的領袖人物。著有《心理學原理》、《宗教經驗的種種現象》等。——譯者注

應該得到尊重，需要我們說明。兒童是從一無所知到掌握基本原則，從而為人類特有的品質——理性挖掘了源泉，在他的一雙小腳還沒有開始支撐起身體向前行走之前，他或許已經在這條理性的道路上前進了。

為此，我舉一個令人印象深刻的事例，或許更能清楚地說明問題的實質。這是一個四個月大的嬰兒，出生後還沒有出過家門。一次，保母抱著嬰兒時，他的父親和同住在一起的叔叔同時走到嬰兒面前。兩個男人身材和年齡相仿，嬰兒此時感到非常驚訝，幾乎有些害怕。於是這兩位了解我們心理學基本知識的大人開始幫助嬰兒，使他平靜下來。他們分開站在嬰兒視線之內，一個在右，另一個在左。嬰兒轉頭看其中一個，還是明顯有些驚慌，但是盯了一會兒便微笑起來。

然而，他的眼神突然又變得驚恐不安，迅速轉頭去看另外一個人，而且盯了很長時間。之後，又過了一會兒，他也笑了。

這以後，嬰兒不斷重複地把頭左右轉動了十幾次，表情時而驚慌，時而微笑，直到認出這是兩個男人。他們是嬰兒那時曾見到的兩個男人，他們之前也曾逗他，把他抱在懷裡，用熱情的話與他親昵。嬰兒一直以為，在他所觀察到的女性群體，即媽媽和保母之外，只有一個不同的男人。他從來沒有同時看到過兩個男人，所以在他的觀念中只有一個男人。嬰兒驚慌的原因是，他在混雜之中費盡努力固定的形象突然變成了相同的兩個。

他發現了他的第一個錯誤。在四個月大的時候，他第一次在肉化人身的心理交戰中受到人類理性的欺騙。

與此相反，如果成人毫不注意兒童自出生後就存在的心理生活，兒童就不可能得到像這兩位男人給予的幫助，不可能方便兒童邁出艱難的一步和努力實現意識。

現在，我想舉幾個年齡更大一些孩子的例子。一個七個月大的女嬰，坐在地毯上玩一個坐墊。坐墊的布面印著花和兒童的圖案，嬰兒激動興奮地聞著上面的花和親吻圖案上的兒童。一位負責照顧這個孩子，但沒有受過專門指導的女傭，認爲這個女孩子喜歡嗅聞和親吻所有的東西，馬上給孩子抱來各種各樣的東西，並說聞聞這個，親親那個。這時，她的思維混亂了。她的思維本來正在組織，正在識別形象，她正在用她的行動固定形象，以快樂和平靜的方式完成內在創造的工作。然而，她建立內在秩序的神祕努力被不理解她的成人打破了，就好像海浪衝垮了沙灘上用沙子堆起的城堡或畫出的圖案。

當成人忽視孩子正在進行的內在心理活動，突然中斷兒童的思考，不去理解他，反而試圖讓他分心，比如抓住孩子的手，擁抱他逗他開心，或者是讓孩子睡覺時，那麼成人會阻礙甚至阻止兒童的內心活動。如果成人沒有意識到兒童這種神祕的活動，他們就可能會在行爲中抹煞兒童本來的願望。

兒童絕對需要極爲清晰地保存他要捕捉的形象，因爲只有印象清晰和能夠區別差異，才能形成兒童自己的智慧。

一位專門爲一歲以下嬰兒配製營養的專家提供了非常有意義的經驗。他開了一家非常重要和著名的診所，他透過研究得出結論，除了營養之外，還要考慮到嬰兒的個人因素。至少在一定年齡之前，不能把某一種代乳品當作嬰兒的最佳食品，因爲某種食品對一個嬰兒來講是好的，但可能對另外一個嬰兒卻是不好的。他的診所不僅在臨床上，而且從美學角度上看都是一個典範。他的方法在兒童健康上的效果對六個月以下的嬰兒是頗佳的，而嬰兒在六個月以上開始出現不良反應。這的確是個謎，因爲使用人工食品對於出生六個月後的嬰兒本應更加容易。教授在診所裡爲那些不能進行餵哺母乳的母親專門開了一個診室，母親們都來向他諮詢如何進行人工哺乳。這些孩子在六個月大後，與診所裡住院的孩子不同的是有不良的反應。經過不斷觀察，教授想到在這種費解的現象背後是否有心理因素作祟。帶著這種想法，他最終發現和認識到，診所裡六個月以上的嬰兒患了「心理營養缺乏煩躁症」。於是，教授開始讓嬰兒娛樂和開心，帶他們去散步，不僅到診所的露臺上，而且還把他們帶到其他專門爲孩子們開設的場所，讓他們恢復了健康。

很多的實際經驗證明，兒童在一歲以內就已經獲得了對外界環境的感知印象，已經能夠非常清晰地辨認平面和透視的外觀形象。除此之外，還可以肯定，這些印象已經成熟，不再是兒童最熱切關注的內容。

從二周歲開始，兒童不再像敏感期那樣衝動，被色彩斑斕的東西和鮮豔的顏色所吸引，他們更關心我們會經常忽視的小東西。可以說，兒童對難以觀察到的或意識邊緣的東西更感興趣。

我是從一個十五個月大的小女孩身上第一次體驗到這種感覺。當時，我聽到她在花園裡不同於其他幼兒的大笑聲。她是一個人出來的，坐在露臺的磚塊上，她旁邊是一排在驕陽下盛開的天竺葵花。但是，小女孩沒有看著花，而是盯著空空的地面，這就是童年的神祕。我慢慢靠近她，卻看不到地面上有什麼東西。這時，小女孩有些鄭重其事地對我說：「那裡有小東西在動。」在她的指點下，我看到一隻非常小的蟲子，近乎磚塊的顏色，在快速地移動。讓小女孩感到新奇的是這麼小的動物的存在，牠能動會跑！這個奇特的小動物讓她高興不已，比其他小孩子還要高興。可以看出，小女孩對陽光、鮮花和顏色並不欣喜若狂。

另一個近乎同樣年齡的小男孩也給了我同樣的印象。他的媽媽給他準備了一整套色彩豐富的畫片。看上去小男孩喜歡拿給我看，他把一大包卡片抱到我面前，用他特有的簡單發音對我說：「叭—叭」，意思是「汽車」。我意識到，他想給我看一輛汽車的畫片。

各種各樣的畫片有很多很多，顯然，孩子的母親給他這些畫片是爲了讓他高興，同時教他知識。

畫片上有很多奇特的動物：長頸鹿、獅子、熊、猴子、鳥，還有家畜：羊、貓、驢、馬、奶牛，這些動物本應該引起小男孩的興趣。畫片上除動物之外，還有一些小的場景和風景、房子和人物。但是，奇怪的是在這麼豐富的畫片中，卻沒有汽車。我對小男孩說：「我沒有看到汽車呀！」於是，小男孩找了一下，抽出一張畫片，興高采烈地說：「在這兒呢！」畫片上是一個打獵的場景，其實畫片想突出說明的是占據畫片中央的一隻非常漂亮的獵狗。遠處背景中有一位獵人背著獵槍。在更遠處的一個角落裡，有一座小房子和一條彎曲的線，應該指的是一條路。在這條線上有一處黑點。小男孩用手指著那個黑點對我說：「汽車。」眞是這樣，儘管那個黑點比例很小，幾乎看不到，但還是可以辨認出是一輛汽車。汽車的確很難被注意到，所占比例太小，但是汽車的圖像還是引起小男孩的興趣，他想指給我看。

我想，或許沒有人給小男孩講解那麼多漂亮和有用的東西。於是我選了一張長頸鹿的畫片，開始講給他聽：「你看多麼奇怪的脖子，這麼長……」小男孩認眞地回答：affa（長頸鹿）。聽到這裡，我不再堅持下去了。

可以說，在一至二周歲這個時期，大自然會促發兒童智力的進步，使兒童開始完整地了解所有事物。

我舉幾個我親身經歷的事例。有一次，我想給一個可能只有二十個月大的小男孩看一本給成年人閱讀的、很好看的書。這是一本福音書，由古斯塔夫·多雷做的插圖，書中有古典名畫的人物形象，如拉斐爾的《耶穌變容》。我選了其中一幅耶穌召喚兒童到他身邊的圖畫，開始講：

有一個孩子在耶穌的懷抱裡，其他孩子的頭靠著耶穌的身體，眼睛看著耶穌，耶穌愛他們……

小男孩的表情好像絲毫不感興趣。我不動聲色地翻過這一頁，在書中找其他圖畫。突然小男孩對我說：「他在睡覺。」

這時在我的腦海裡，我對兒童這種不可思議的話有些迷惑不解。

「誰在睡覺？」

「耶穌，」小男孩抑揚頓挫地回答說：「耶穌在睡覺。」他示意我翻回到原來那一頁，指給我看。

畫中耶穌在高處，俯視著孩子們，所以眼瞼下垂，就好像眼睛要合起來睡覺。這就是所說的兒童注意細部，而成人卻不會這樣做。

我繼續講解並停在一張耶穌的圖畫上，說：「你看，耶穌升天了，人們都很害怕。你看這個孩子皺起眉頭，這個女人伸出手臂……」我知道，這種解說並不適合孩子，選擇的圖畫也不適當。但是，事已至此，我所關心的只是能夠得到某些不可思議的回答，將成人對看到如此複雜形象的反應與幼小兒童看到的反應做一個比較。然而，這次小男孩只在喉嚨裡咕噥了幾聲，意思是說：「好的，往後翻吧！」在他的小臉蛋上沒有任何感興趣的表情。當我繼續往下翻書的時候，小男孩抓起掛在脖子上的一個兔子小飾物，然後說：「兔子！」我想，他玩起小兔子了。但是，這時小男孩馬上打斷我，讓我翻回到前一頁。眞是這樣，在

《耶穌變容》這幅畫上，的確有一隻小兔子。有誰會注意牠呢？顯然，在兒童和我們之間存在著兩種不同的心理特徵，並非是從小漸大的過程。

在幼兒園或小學校的低年級裡，老師很難向三、四歲的兒童講解非常普通的物體，就好像這些孩子們什麼都沒看到過，只是在那一刻才來到人世。於是，老師不得不製造一種像與聾子交流那樣的效果。人們開始喊叫，一字一句地講解別人已經聽說過的東西，而別人不僅不做回答，還會表示抗議：「我又不是聾子！」

成人認爲，兒童只會對顏色鮮豔的東西、尖銳的聲音表現敏感，因而會提供給兒童強烈刺激的東西引起他們的注意。我們可以看到，兒童經常被唱歌的人、鈴聲和鐘聲、飄揚的旗幟、明亮的光線等吸引。但是，這種來自外部強烈的吸引源都是偶然的，它分散兒童的注意力，強制外部的可視形象，破壞了兒童的感覺刺激。我們做一個儘管不很準確的比喻：我們在讀一本有趣的書，突然路上傳來喧囂的音樂聲，我們站起身，好奇地跑到窗邊觀看。觀察一個沉浸在閱讀之中的成人突然受到音樂的吸引跑到窗邊，或許可以說，人們是受到聲音的特別刺激。那麼，我們用同樣的方法去判斷兒童。來自外部的強烈刺激吸引兒童的注意力，它是偶然性的，與兒童內心生活中深層內在的塑造是毫無關係的。當我們觀察兒童全神貫注於細微的、表面看似沒有意思的東西時，我們可以看到兒童內在心理塑造的表現。全神貫注地投入觀察事物的細節，說明他已經不再是去捕捉感覺印象，而是一種對愛的、理智的表現。

實際上，成人並不知道兒童的心理，它對於成人是一個謎。成人只透過兒童實際脆弱的反應，而不是從兒童本身已經具備的心理能力去判斷。應該考慮到，在兒童每種表現背後都有一種形成的原因，是可以破解的。沒有一種現象的發生是沒有原因和理由的。把兒童各種不好的反應和難以對付的時候都歸結爲任性，當然是很容易的事。然而重要的是，我們應該把兒童的任性當作需要解決的問題，一個需要破解的謎。雖然很困難，但卻是非常值得關注的。這是一種全新的態度，是成人思想境界的昇華。它使人成爲對兒童的研究者，而不再是當今盲目的操縱者和武斷的法官。

對此，我想起一群婦女們在客廳裡的談話。當時，在女主人身邊，她十八個月大的孩子正在安靜地自己玩耍，婦女們在談論兒童讀物。「現在有很多稀奇古怪、荒唐的書。」年輕的母親說：「我有一本書，叫《薩博》，薩博是一個小男孩，生日那天，他的父母給他準備了很多禮物，有帽子、鞋、襪子、顏色漂亮的新衣服。父母給他準備豐盛的晚餐時，他偷偷跑出家門，想炫耀自己的新衣服。路上，他遇到很多野獸。爲了穩住牠們，小男孩不得不把身上的衣服脫下來分給每隻野獸一件，帽子給了長頸鹿，鞋子給了老虎等等。可憐的薩博光著身子回到家，滿臉淚水。但是父母還是原諒了他，最後一幅畫上，一家人很高興地坐在擺滿菜肴的餐桌前吃晚飯。」

這位婦女把書傳給大家看，這時女主人的孩子突然說：「不，Lola。」大家都感到驚訝。孩子的話像是一個要破解的謎。小男孩又堅持地重複了一遍像謎一樣的話：「不，

Lola。」

這時，母親說道：「Lola是保母的名字，最近幾天才到的，照顧我的孩子。」但是，小男孩更大聲地喊起來，幾乎是非常任性地重複著Lola。最後，我們把《薩博》連環畫給他看，他沒有翻看連環畫的內容，而是給我們指著封皮後面最後一幅畫，畫上小黑孩在哭。於是，我們終於明白了孩子語言中的Lola的意思，應該是西班牙語的llora，意思是「他在哭」。

小男孩是對的，因爲最後一幅畫上並不是連環畫中快樂的晚餐，而是薩博在哭。誰都沒有注意到這最後一幅畫。因此，小男孩反駁並糾正媽媽所說的「愉快結局」，是完全符合邏輯的。

對小男孩來講，書的結局是薩博在哭，他比他媽媽看書時更認眞，非常仔細地看到最後一幅畫。另外，更讓人驚訝的是，小男孩並沒有聽著大人複雜的談話，卻能夠做出準確的判斷。

毫無疑問，兒童的心理特徵與我們的完全不同，並非是從小漸大的過程。

兒童注意事物不起眼和實實在在的細節，同時會產生我們不如他們的想法，因爲我們只看到心理綜合過的事物形象，而兒童是不可能做的。兒童會認爲我們無能，不知道如何去看事物。在兒童的眼裡，我們缺乏任何準確性，他們看到我們麻木和輕率，沒有抓住非常值得注意的細節。如果兒童能夠表達出來，他們肯定會從內心裡表示對我們沒有任何信任感，就像我們同樣對他們沒有信任感一樣，因爲他們與我們的思維方式不同。

所以，成人和兒童之間相互不了解。

第十章　成長道路上的衝突

睡眠

當兒童開始能夠自己行動時，成人與兒童的衝突就開始了。最初，沒有任何人可以完全阻礙兒童視聽，即他對周圍世界的感覺獲取。但是，當兒童開始自己行動、行走和觸摸物體時，情況就完全不同了。儘管成人深愛兒童，但在他們的心理會出現一種難以克服的防範兒童的本能。兒童和成人的兩種心理狀態截然不同，因此如果不能相互適應，成人和兒童就會很難共同相處。不難想像，這種適應完全對兒童不利，因爲他們絕對處於社會弱勢。在一個由成人掌控的環境中，對兒童不適當的行爲進行壓制絕對是必然的結果，成人並未意識到自己的防範思想，而是自覺地相信他們是出於疼愛和慷慨的奉獻。潛意識的防範被僞裝成意識；吝嗇讓成人著急地去保護他們認爲有用或心愛的物品，但馬上又變成了「對兒童教育的義務，讓兒童懂得良好的習慣」；擔心兒童打擾他們安逸的恐懼也變成了「必須讓兒童更多地休息，以保證他們的健康」。

市井婦女簡單地看待孩子，對兒童的防範滿足於拍孩子的腦袋、吼叫、辱罵，把孩子推出家門，趕到街上。事後，卻又像平常生活中疼愛孩子時一樣，親暱地撫摸，熱情的親吻。

對於社會地位較高的階層，形式與較高的道德標準有關。他們欣賞並僅僅接受愛、奉獻、義務、自我行爲控制等幾種形式。然而，較高社會階層的婦女與普通婦女比較起來，更容易擺脫自己孩子的糾纏，他們會把孩子交給保母，讓保母帶去散步，哄他們睡更多。

這些社會階層較高的婦女對保母表現出的耐心、仁慈，甚至是屈從，只不過是一種變相默認的寬容和忍耐，她們只要討厭的孩子與父母保持距離，不要觸碰屬於父母的東西就行。

當兒童從過去不能自主活動的肉體得到解放，爲他們掌握了活動方法，駕馭了活動器官並獲得自我而歡喜雀躍的時候，他們便遇到了一群強大的巨人，阻止他們進入這個世界。兒童所處的這種情況令人想起過去歷史上一些民族，比如希伯來人在摩西①的率領下，爲擺脫奴役遷徙到邊遠和陌生的地方。當他們艱難地走出沙漠，進入福蔭的綠洲時，那裡卻有其他民族在安逸地生活，他們得到的不是盛情款待，而是戰爭。那是痛苦的回憶，亞摩利人抵抗流浪的希伯來民族的戰爭令希伯來人恐懼，使希伯來人退卻，並且又在沙漠裡漫無目的地流浪了四十年，每前行一步都有許多人精疲力竭地倒下。

這就是人類的自然規律。人一旦有了確立的環境，自然會防範入侵者，它反映在種族之

---

① 摩西（活動時期約西元前十四—前十三世紀），西元前十三世紀希伯來天才的領袖。據《出埃及》記載，他受神的啓示，帶領希伯來人擺脫了埃及人的奴役。他在西奈山與上帝立約的典禮中傳播「十誡」，建立稱作以色列的宗教社團。在猶太教傳統中，摩西被尊爲最偉大的先知和導師。——譯者注

間是明顯和激烈的。但是，這種殘酷現象的動機卻深深隱藏在人類心理的潛意識中，其中第一個最容易被人忽視的表現，就是正常的成年人要防範後代對他們安逸生活和財物的侵擾。然而，後代入侵者卻不會退卻，他們仍在絕望地奮鬥，爲了生活而奮鬥。

這種在潛意識中的奮鬥被僞裝成爲父母的愛和兒童的無辜。

成人可以很隨便地說：「孩子不能亂走，不能碰我們的東西，不能亂說亂叫，他們應該經常躺著，吃飯和睡覺。」或許，兒童還應該離開家，與家人以外和沒有愛心的陌生人在一起吧！成人因爲惰性總是選擇對兒童最簡單的方式：讓他們睡覺。

有誰會懷疑兒童需要睡眠呢？

但是，兒童是如此的活躍和能動地觀察事物，他們的天性不是睡覺。毫無疑問，他們需要正常的睡眠，我們應該完全滿足他們。但是，我們應該區分正常的睡眠和我們人爲強加給他們的睡眠。顯然，強者的意識可以透過暗示給弱者，可以透過暗示催眠，誰想暗示，就會開始催眠。正因爲這樣，成人潛意識地用暗示催眠的方法讓兒童睡覺。

無論是無知的母親、有修養的母親還是專業人員，正是這些成人像保母一樣照顧著兒童，正是他們一致強迫這個活潑的生命睡覺。不僅是幾個月大的嬰兒，包括那些已經漸大的幼兒，二歲、三歲、四歲的幼兒也被強迫睡眠，超過了他們正常的需要。平民的孩子就不同了，他們整天在街上遊戲玩耍，不會讓母親討厭，因而也就逃過了這種危機。所以，可以很明顯地看到，即使衛生健康的基本要求是保證長時間的睡眠，同時睡眠還要與日常營養結合起來，但平民的孩子卻不像那些有文化人家的子女那樣，容易神經緊張。我記得一個七歲的小男孩曾經向我吐露，他從來沒有見過星星，因爲家裡人總是讓他在傍晚降臨時就上床睡覺。他對我說：「我很想夜裡爬上山頂，躺在地上看星星。」

很多家長喜歡誇他們的孩子已經非常習慣晚上很早睡覺，這樣他們就可以自由外出了。相比之下，嬰兒搖籃漂亮柔軟，大人的床在睡覺的時候可以舒適地伸展身體，而兒童能夠動彈的小床卻是一個高高的鐵籠，家人實際上把兒童放在一個高處不自然的窩裡，照顧起來省去了伏身彎腰，還可以讓孩子自己去哭鬧，又不會造成傷害。

兒童在黑暗遮蔽的環境中睡覺，這樣即使在新的一天到來時，光線也不會滲透和喚醒他們。

幫助兒童塑造心理生活，從形式上首先要改變他們的床，改變強迫他們長時間不自然睡眠的習慣。兒童有權利在他們困倦的時候睡覺，也有權利在睡眠結束時醒來和願意的時候起床。因此，我們建議撤掉傳統的童床，改爲非常低而且是幾乎貼近地面的小床，讓兒童睡覺和起床時都隨心所欲。目前有很多家庭已經做到了。

像所有幫助兒童心理生活的改革一樣，低矮而且是幾乎貼近地面的小床是經濟的，因爲兒童需要簡單的東西，而那些本來已經爲數很少的東西常常很複雜，阻礙了兒童的成長。很多家庭進行了改革，把一個小床墊放在地上，再鋪上一床大被子。兒童晚上會高興地自己上床睡覺，早晨起床後也不會打擾其他人。這些例子說明成人在安排兒童生活時所犯的嚴重錯誤，他們竭力想照顧好兒童，卻事與願違，或許防範的本能輕易占了上風，而他們卻毫無意識。

所有這一切都顯示了，成人應該盡可能理解兒童的需要，爲他們安排一個適合的環境，悉心滿足他們的需要。只有這樣，才能夠結束成人把兒童當作一件物品，非常小的時候可以隨時帶來帶去，成長時必須聽從成人的時代，才有可能開創一個教育的新時代，一個成爲幫助兒童生活的新時代。成人必須把自己置於次要地位，努力理解兒童，主動跟隨他們，幫助他們的生活。這就是所有母親和兒童教育工作者的教育方向。如果說，兒童的個性需要在他們的成長過程中獲得培養，而且他們的個性是脆弱的，那麼，強勢性格即成人的個性應該是寬容的，應該服從兒童給他們的引導，把理解和服從看作是一種行爲高尚的體現。

第十一章　行走

滿足未成熟兒童的需要，放棄自己的要求，順應他們的要求，這就是成人應該做的事情。

高級動物會出於本能做類似的事情，使自己適應幼仔的情況。沒有比大象群的現象更典型的了。當母象把小象帶到大象群後，體型碩大的大象群會放慢腳步，適應小象的步伐，當小象累了停下來的時候，大象群也會停下來。

即使是在一些文明社會裡，也透出對兒童同樣的關愛。有一天，我看到一個日本人，這位父親帶著一個一歲半或二歲的孩子在散步。我跟著他們觀察。突然小孩子停下來，抱住父親的腿。父親停下腳步，讓孩子繞著腿玩耍。孩子結束玩耍後，又繼續向前慢慢地散步。過了一會兒，小孩子停下來坐在路邊，孩子的父親也停在他的身邊。父親的表情嚴肅，也很自然；他沒有任何特別的事情要做，只是作爲父親在帶著兒子散步。

這就是人應該做的事情，讓孩子們在器官需要協調和大量運動的時期進行基本的行走練習，以建立人的平衡性並實現最困難的、而且是只有人類才具備的雙腳直立行走的能力。

儘管人也有哺乳動物類似的肢體，但是人不用四肢而是兩肢行走。猴子的前肢較長，可以在行走時支撐地面，只有人完全依靠兩個下肢保持「行走平衡」，而且是「整個身體的運動」。哺乳動物行走時，向前抬起對角的前爪和後爪，身體總有兩個點支撐，人則是交替支撐在一隻腳上。大自然透過兩種方式使問題得到了解決：一個是本能，另一個是人的主觀努力。

兒童不是在等待中而是在「行走」中發展直立行走的能力。父母懷著無限的喜悅迎接孩子邁出人生的「第一步」，那第一步是戰勝自然，意味著孩子從一歲長到了二歲，一個有主動能力的新生人替代了一個無行動能力的人，從此開始了一種新的生活。生理學把掌握行走的功能看作人正常成長發展的根本基礎。自此，兒童開始行走「練習」，而掌握行走的平衡和穩定性需要經過長期的練習，因此需要個人的努力。人們都知道，兒童蹣跚學步時帶著難以抑制的衝動和勇敢，冒冒失失地想往前邁步。他是一個眞正的士兵，冒著危險，衝向勝利。正是因爲這個原因，成人想保護他免遭危險，但這恰恰成爲一種阻障。即使孩子的下肢已經變得強健，他們也總是想把孩子關在「四方形」的小推車裡，推著孩子長時間的散步。

究其原因，兒童的步伐比成人的短，長距離的散步難以堅持下來，而成人卻不會放棄自己走路的節奏。儘管成人名義上是所謂的「保母」，有能力專門照顧自己的孩子，但卻是兒童要適應「保母」，而不是反過來「保母」去適應兒童。「保母」按照自己的步伐，推著小推車徑直走向散步時既定的目標，兒童幾乎就像一車推到市場的新鮮水果。只有到達目的地後，比如一個美麗的公園，「保母」坐下來，才會把孩子從車裡抱出來，看著孩子圍著她在草地上走。成人這樣做的目的，無非是想著「兒童的身體」、生活健康和避免發生各種意外，但是他卻沒有考慮到兒童生活中其他根本的成長需要。

兒童在一歲半到二歲時可以走幾公里的路，而且能夠克服障礙，比如上坡和走臺階。只是兒童行走的目的與我們不同。成人行走是爲了到達目的地，因而直取目標，他們的步伐有穩定的節奏，近乎機械式地拖動腳步；兒童行走則爲了開發自己的功能，以自我創造爲目的。他們行走緩慢，還沒有步伐節奏和目標。但是，周圍的事物在不斷吸引著他們和推動著他們。爲此，成人幫助兒童時應該放棄自己的節奏和目標。

我在那不勒斯認識一對年輕的夫婦，他們的兒子有一歲半。夏天去海邊，他們要沿著山坡往下走一．五公里的路，路很陡，車和小推車都難走。但是，年輕的父母很想帶上孩子，只是抱著太吃力。結果是孩子自己走，徒步走完長長的路，實際上，他幫助了父母。路上，小男孩時常停下來看花，或是坐在草坪上，或是停下來看看動物。有一次他站住，盯著一隻驢吃草，足足有十五分鐘。就是這樣，小男孩每天沿著那條陡峭的長長的路上山下山，不知疲倦。

在西班牙，我認識兩個兒童，有二、三歲，他們一次能走二公里的路；另外還有許多孩子在又窄又陡的臺階路上可以上上下下走一個多小時。

就是這些小事，有一些母親卻把它說成孩子「任性」。

有一次，一位婦女向我談起一個小女孩非常任性。小女孩剛剛學會走路才幾天，她一見到臺階就叫喊，抱著她下臺階時，她會馬上發怒。

孩子的母親以爲看錯了，因爲她覺得孩子經過臺階時就激動地哭鬧眞是不合邏輯，她認爲只是巧合。但是，顯然小女孩想自己上下臺階，那種能攀扶支撐和倚坐的路明顯比小腳陷在高草中，手卻無處支撐的草坪更能吸引她。然而，草坪卻成爲她離開成人的懷抱或小推車，唯一獨自活動的場所。

人們很容易看到，兒童喜歡運動和行走，露天階梯上總有很多小孩子，爬上爬下、坐著、站著、順著邊上的斜坡滑下。街頭的孩子自由自在，能夠避開危險，跑來跑去，甚至可以貼著跑動的汽車，他們的能力顯然比社會階層高、膽小害怕，甚至懶惰的孩子要強得多。但是，兩個社會階層的兒童都沒有得到成長的幫助，一個是在不適合他們的成人生活環境和充斥著危險的環境中被放任自流，另一個則是爲了避開危險環境而受到壓抑，被禁錮在保護性的限制之中。

兒童作爲人類繁衍和造化成人的根本因素，就像彌賽亞，代表上帝說：「他無家可歸。」①

① 彌賽亞（messiah），在猶太教中，係指被期待的大衛世系的國王。希臘文《新約》內譯爲「基督」，成爲耶穌的尊稱。「他無家可歸」意思是「耶穌請求別人幫助他，爲他提供避難的場所。」——譯者注

第十二章　手

值得一提的是，生理學關於兒童正常成長發育三個重要階段中的兩個階段都涉及運動，即開始行走和說話。因此，科學認為這兩種行動功能預示著人的將來。事實上，這兩種複雜的表現的確說明了人（兒童）在使用表達工具和活動方法上第一次戰勝了自我。語言作為思維表達方式，是人類獨有的特徵，而行走則是所有動物所共有的。

與植物不同，動物「在環境中移動」，移動需要肢體這種特別的器官，行走因而成為動物最重要的特點。然而，人卻不同，儘管「身體空間移動」極為重要，可以使人達到地球各個角落，但是行走卻並非智慧生命的典型運動特徵。

相反，與智慧相關的運動特徵是語言和手的活動，人以智慧使用手完成工作。因此，這種特徵標誌著地球生物發展歷史上新的分水嶺。在古人類歷史記載中，即便是語言，人類也用手把消散在風中的聲音記錄雕刻在石頭上。另外，在身體形態和行走功能上，其特點也是「解放雙手」，它賦予上肢其他的功能，不再是為了簡單的「空間移動」，而是成為表達智慧的器官。因此，在生物進化中，人類表現出心理和運動功能的合一性，處於獨特的地位。

手的器官結構精巧複雜，不僅可以表達智慧，而且還與環境建立了特殊的關係，可以說，人「用手支配環境」並依靠智慧改造環境，完成他在世間的使命。

因此，要評價兒童的心理發展，關注他們最初的運動表現是符合邏輯的，我們可以稱為智能運動的表現，即開始語言表達和渴望工作時手的活動。

出於本能的潛意識，人類把這兩種反映智慧和人類獨有特點的運動表現看得非常重要，並把兩者結合在一起。但是，人只在一些與成人社會生活有關的場合象徵性地對待它。例如，一對男女結婚時，他們會說一句話並拉起手。做婚姻承諾時會說：答應要娶要嫁；會說拉住你的手之類的話。宣誓時，會講一句話並舉起手。即使在一些儀式上，強烈表達自我時也透過手勢。彼拉多①為了不承擔責任，說要洗手表示，而且當眾洗了手。天主教神父在開始彌撒最重要的部分之前，會說「我將在眾生面前洗手」。儘管他已經洗了，而且洗淨了手，但他在靠近祭臺前，還是要洗一次手。

所有這一切都說明，在人類的潛意識中，手被看作是內在自我的表現。難道還有什麼東西比存在於兒童自我中的「人類運動」更神聖奇妙的嗎！再也沒有其他表現比它更應得到人們的期望和歡迎。

兒童第一次向物體伸出小手，對用手的衝動代表著「自我」認識世界的努力，成人應該滿心稱讚。但是，成人「害怕」他們的小手伸向周圍那些毫無價值和無關重要的東西，擺

---

① 彼拉多（Pontius Pilate, ?-36以後），西元二十六—三十六年羅馬皇帝提比略的猶太行省總督，主持對耶穌的審判，並下令把耶穌釘死在十字架上。《新約全書》描述彼拉多將耶穌交給猶太人審判。《馬太福音》裡，彼拉多在眾人面前洗手並說：「我對處死耶穌不負責任，你們看吧！」——譯者注

出保護這些東西不讓兒童觸摸的態度。成人會煩躁地始終重複：不要碰，就猶如不斷在重複說著：別動，不要說話！

這種煩躁反映了成人潛意識的陰暗一面，漸漸形成防範，甚至希望得到其他人的同情，就好像在暗自與一種要打破他們安逸和損害財產的勢力進行著抗衡。

兒童爲了看，爲了聽，即從周圍環境中獲取最初必要的心理塑造要素，他們需要占有這些要素。當兒童爲心理塑造而活動，使用手工作的時候，他們需要外部提供可掌握的東西，也就是說，他們需要在外部環境中有進行活動的因素。但是，家庭環境卻沒有考慮到兒童的需要，兒童周圍的物品屬於成人所有，爲成人使用。這些物品對兒童是禁用的，成爲兒童的「禁忌」。禁止觸摸使兒童在童年的發育成長中失去了活力。而兒童順手抓到一件物品時，會像饑餓的小狗找到一根骨頭似的。小狗會跑到一個角落裡啃骨頭，儘管營養不夠，但牠還是盡可能去吸取營養，而且擔心有人把它奪走。

此時的兒童並不是隨意地活動，他們在「自我」的引導和指揮下進行必要的協調，去組織活動。這個「自我」是偉大的組織協調者，正在透過不斷補充經驗，建構一個連接正在形成的心理和表達器官的整體。因此，重要的是讓兒童自發地選擇和採取行動。這種塑造活動的獨特之處在於：它不是出於無條理和魯莽的衝動。兒童並不是隨意地跑跳，隨意地抓弄和簡單地搬動物品，或者破壞東西，並在他們周圍製造混亂。兒童看到周圍人的行動，從而激發了他們的塑造活動。他們努力去模仿別人的行動，如何掌握和使用某些物品。他們在使用同樣的物品時，試圖採取所看到的類似成人的行動。因此，兒童的活動與各種各樣的家庭和社會環境聯繫在一起。兒童想去掃地、洗餐具、洗衣服，想自己倒水、洗漱、梳頭、穿衣，等等。這種普遍情況稱爲模仿，可以表述爲：兒童要做他們看到別人做的事。然而，這種解釋並不準確，因爲兒童的模仿是不同的，它不同於類似猴子的即刻反應模仿。兒童的塑造活動來自認識基礎之上的總體心理活動，他們的心理生活有指導性，心理活動總是先於行動，兩者互爲聯繫。也就是說，兒童想行動時，他們已經知道他們想要做什麼，他們想做已經知道的事，即他們看到他人做的事。兒童語言的發展也是基於同樣的道理。兒童掌握的語言是他們在周圍聽到的，他們講一句話，是因爲他們聽到並學會了這句話，記住了這句話。他們只在自己需要的時候使用它。

這種對聽到語句的認識和使用並不是鸚鵡學舌般的模仿。它不是即刻反應模仿，而是一種記憶式的觀察或是獲得的認識。運用與觀察認識的過程是分開的。區別這一點非常重要，因爲它使我們認清成人與兒童關係的某一個方面，使我們能夠更深入地理解兒童的活動。

基礎活動

兒童在開始能夠像成人那樣，進行有明確邏輯性的活動之前，他們是按自己的目的行爲，使用物品的目的通常讓成人難以理解。這種情況一般發生在一歲半到約三歲的兒童之中。例如，我曾經看到過一個一歲半的小男孩，他在家裡發現一疊熨燙好和疊放整齊的餐巾，於是他拿起其中一塊，小心翼翼地壓在手中，謹防折皺，然後走到房間斜對面最遠處的角落，把餐巾放在地板上，並說「一個」。之後，小男孩又沿著原路返回，看上去他的方位感非常強。回到原來的地方，他又以同樣的方式拿起另外一塊餐巾，順著原來的路線走回去，將餐巾放在第一塊上面，重複說「一個」。他就這樣不斷地重複，直到把所有的餐巾搬完爲止。之後，他用同樣的方式，把所有的餐巾又搬回到原來的地方。儘管這疊餐巾已經不再像傭人擺放時那樣整齊，但還是折疊得比較好。雖然堆放得有些歪斜，但不能說是塌下來不成爲一疊。對於小男孩來說，幸好在那麼長的時間裡沒有家人在場。有多少次，小孩子會聽到成人在他們背後叫喊：「別動，別動！別碰那些東西！」又有多少次，那些可愛的小手被打，目的是讓他們養成不要亂碰東西的習慣。

另一個吸引兒童的「基礎」工作是取下瓶塞，再把它塞上，特別是透出七彩光的瓶子。又比如一個小瓶塞，看上去，好像取下和塞上瓶塞是他們最喜歡的工作。另外，小孩子還喜歡打開然後再蓋上大墨水瓶或是大盒子的蓋子，或是打開然後再關上碗櫥的門。由此，可以理解爲什麼成人和兒童之間，在那些小孩子喜歡但卻不允許碰的物品問題上經常發生衝突，因爲那些東西屬於媽媽，或是父親書桌上的東西，或是客廳裡的小家具。結果，衝突經常導致兒童「任性」的反應。然而，兒童並不想要那個小瓶子或墨水瓶，只要有那些東西能讓他們進行活動練習，他們就滿意了。

這些和其他類似的基礎活動沒有任何邏輯目的，可以被當成作爲活動者的人第一次努力的嘗試。也正是在這個準備期中，我們專門爲小小孩製作了一些玩具，比如立體拼接玩具，這些玩具獲得了普遍的成功。

讓兒童自己活動的想法很容易理解，但在實踐時卻遇到了多重障礙，它深深扎根在成人的思想之中。雖然成人時常想滿足兒童的願望，讓兒童去觸摸和搬動物品，但是他們卻抵擋不住某些模糊的感覺，最終還是要控制兒童。

紐約有一位年輕的婦女，熟悉這種看法，想在她自己二歲半的孩子身上進行實踐。一天，她看到兒子從臥室抱著一罐水去客廳（沒有原因），她看著孩子緊張費力行動的同時，心裡不斷重複地說：「小心，小心呀！」水罐很重；過了一會兒，母親終於忍不住了，上去幫助孩子，從孩子手中拿過水罐，放在孩子想要放的地方。兒子不高興地哭起來，母親爲孩子難過感到痛苦，但卻辯解說，儘管她知道孩子的需要，但是好像不應該讓孩子太辛苦，而且讓她浪費了那麼多的時間，她本來可以馬上做完的。

這位婦女在向我進行諮詢時對我說：「我知道做得不對。」我卻考慮了問題的另一面，即人們要保護物品的感覺，它可以稱作「對兒童的吝嗇」。於是，我對她說：「您有什麼精緻的瓷具，値錢的杯子嗎？您讓孩子拿一樣輕便的東西，看看會發生什麼情況。」這位婦女聽了我的建議，之後她告訴我說，她的孩子拿著杯子十分小心，每走一步都要停一下，最後完好無損地放到了地方。這位母親很興奮，她當時有兩種感覺：一個是看到孩子自主活動感到很開心，另一個是擔心打壞杯子。但是，她還是讓孩子去做，讓孩子完成他喜歡的工作，因爲這與孩子的心理健康不無關係。

有一次，我把一塊抹布放在一個一歲兩個月的小女孩手裡，她坐下來，擦拭了許多亮亮的小東西，這成了她快樂的工作。但是，小女孩的母親心裡卻有一種防範的感覺，這種感覺在阻撓她，把在她看來孩子不需要的東西交給孩子。

兒童活動本能的初次表現讓那些明白其重要性的成人感到驚嘆不已。成人看到，他們必須努力放棄，這近乎是一種個性的貶低。爲此成人需要獻出自己的環境，這與他們身處的、屬於成人的社會生活是不相融的。毫無疑問，兒童在成人的環境裡是一個置身社會之外的人。但是，如果仍然像現在一樣把他們關在門外，那就意味著「壓制他們的成長」，如同讓他們成爲啞巴一樣。

解決衝突的辦法是爲兒童創造一個能讓他們有更多表現的環境。當兒童說第一句話的時候，我們不需要爲他準備什麼，他的牙牙學語聲最受家人的歡迎。但是，兒童小手的工作，是作爲工作者的人最初的嘗試，需要有形的物體與之配合，作爲活動的「動因」。於是，我們可以看到孩子們努力在做，這種努力常常超出我們想像的可能性。我有一張照片，照片上是一個英國小女孩，手上抱著一個英式菱形麵包，麵包很大，以至於小女孩的雙手抱不住，靠身體支撐著。她只能挺著胸脯向前走，看不到腳底下的路。照片中有一隻狗緊跟並盯著她，看上去狗非常緊張，像是要衝上去幫助小女孩。遠處還有幾個成年人駐足看著小女孩，像是要跑上去幫她拿著麵包。有些時候，如果周圍環境適合，小孩在能力和準確性上能夠比較早發育，甚至會讓我們感到困惑不解。

第十三章　節奏

成人如果還不能理解兒童動手活動是生命活力的需要，不接受活動本能的初次表現，他們就會阻止兒童活動。我們不應該把原因一概歸咎於成人的防範思想，應該還有其他原因。其中一個就是成人注重行爲的外在目標，他會按自己的既定思維確定行爲方式。成人的一條自然法則就是在最短的時間，用最直接的行動達到目的，成人稱爲「事半功倍」。看到兒童費力做無用功，而成人卻可以馬上完成，甚至更完美，成人就會試圖幫助兒童，以減少干擾，同時卻扼殺了一場精彩的表演。

在成人看來，兒童熱衷於毫無意義的事情是奇怪和難以理解的。如果兒童看到一塊桌布不整齊並記得平時是怎麼鋪的，他就會想著把它弄整齊，像以前看到的一樣。如果可以，他會慢慢地去做，即使費盡力氣和付出滿腔熱情。之所以如此，是因爲「回憶」是兒童思維最艱鉅的工作，把東西按照以前看到的樣子物歸原處，是體現兒童成長發育制勝的行動。但是，只有成人不在場和沒有注意到他的時候，他才可能做到。

當兒童嘗試要自己梳頭時，成人不但沒有爲兒童這種非凡的舉動表示欣慰，反而會覺得有悖於他自己的既定法則，因爲他可以看到兒童梳頭慢又不好，達不到目的，而他卻比兒童梳得又快又好。於是，兒童在高興地做著這種促進個性發展的活動過程中，會看到成人像頂天立地的巨人似地走近他，從手中奪下梳子並說要爲他梳頭，而面對極其強大的成人，他卻無法抗爭。同樣，當兒童費力穿衣服或繫鞋帶時，成人也會如法炮製。兒童的每一次努力嘗試最終都被粉碎。成人如此急不可耐，不僅是因爲兒童在做白功，而且還因爲兒童的行動節奏和行為方法不同。

節奏並不像老觀念可以改變或是新觀念需要理解。運動節奏就像人的體形一樣，屬於一個人固有的特徵，它可以與類似的節奏協調，但如果去適應不同的節奏就會出現痛苦。

比如，當我們和一個神經麻痺患者一起走路時，我們會感到某種痛苦；當我們看到一個神經麻痺患者慢慢舉起水杯送到嘴邊，有可能把水灑出來的時候，我們會感到難以忍受這種不同於我們的運動節奏，並有一種極力想擺脫痛苦的感覺。我們會馬上做出反應，用我們的節奏替代他的節奏，也就是幫助神經麻痺患者。

成人對兒童的做法也是相似的。出於潛意識的防範心理，成人盡可能地去阻止兒童緩慢的行動，就好像忍不住要驅趕一隻令人討厭但卻不傷人的蒼蠅一樣。

相反，成人容易接受兒童敏捷和快節奏的行為，因此也可以容忍活潑的兒童對周圍環境帶來的混亂和干擾。這時，成人可以表現出「耐心」，因為它是外在明確的東西，成人始終可以在意識行為上施加影響。但是，當兒童行動緩慢時，成人就會忍不住干預和「替代」他們。這樣，成人不僅不會滿足兒童最基本的心理需要，而且還會「替代」兒童完成所有他們自己想要做的事，從而阻撓兒童的各種活動，成為他們發育成長的最大障礙。所謂「任性」的兒童不想洗澡、梳頭和穿衣，並嚎啕大哭，是人類初次抗爭的表現。有誰能夠想到，這種對兒童「無用的幫助」是最初所有精神「壓抑」的根源，由此成人對兒童造成了最危險的傷害呢？

日本民族對兒童冥界的思想發人深省。

在對死者的祭禮風俗中，日本人會在兒童的墓前放置一些小石子或類似的東西，用來幫助冥界的兒童免遭惡魔對他們的不斷折磨。當冥界的兒童搭房子時有惡魔過來，會踩上去破壞房子。憐愛冥界的兒童的親屬放置石子的目的是讓他們再重新搭起房子。

這是人們用潛意識想像冥界的一個令人感動的例子。

第十四章　個性的轉換

成人替代兒童不僅是替代兒童的行動，而且還可能把意志強加給兒童，替代兒童的意志。這樣已經不再是兒童的行動，而是成人主導兒童，是成人在行動。

夏爾科在他的精神病研究所，向人們展現透過暗示使歇斯底里患者個性轉換的現象，因而給人們留下了極其深刻的印象。他的實驗動搖了人們根深柢固的基本觀念：即人是自己行爲的主宰。透過實驗表明，經過暗示，一個人甚至可以壓制自己的個性，轉換爲他人，即暗示者的個性。

這一事實儘管還只限於診所和極少數的實驗，但卻爲新的研究和發現開闢了道路。圍繞這些現象，人們在研究雙重性格、潛意識和心理昇華的根源，深化心理分析對潛意識的認識。

人的一生中有一段時間極爲容易接受暗示，這就是童年時代，意識正在形成，對外界事物的感覺正處在塑造階段。此時，成人可以趁機潛移默化地滲透，用自己的意志代替兒童的意志，使兒童按照成人的意志行動。

在我們的學校裡可以看到，如果我們在教孩子如何練習時過分投入或動作誇張，過於熱情或過分精確，那麼孩子就會喪失按照自己的個性判斷和行動的能力。因而它讓人感到是一種脫離了「自我」，卻本應由「自我」指揮的活動，或是一種由另一個外界更強大的「自我」進行的活動，雖然力度較輕，但它卻能夠抓住，應該說是扼殺了兒童脆弱的個性。但是成人並非有意識地暗示，而且根本不想也不願意暗示，成人本不想製造麻煩。

我講幾個事例。我本人曾經見到過一個約二歲的小男孩，他把一雙穿舊的鞋子放在雪白的床單上。我不自覺地（可以說當時不太慎重）過去拿起鞋子，把它放在地上一個角落裡，並說：「鞋子很髒。」然後，我又用手撣了撣床單上放過鞋的地方。這件事後，每當小男孩看到鞋，就會跑過去拿起來說：「鞋子很髒。」然後把鞋拿走，並在床上用手抹一下，像撣灰塵一樣，儘管鞋子從來沒有在床上放過。

另一個例子，一位母親高興地收到一個包裹，打開後發現是一塊綢緞和一個小喇叭。她拿起綢緞給她的小女兒看，又把小喇叭放在嘴邊吹了起來。小女孩高興地叫起來：「音樂！」以後過去了很長時間，每當小女孩摸到一塊布時，都會特別高興地說：「音樂！」

如果成人的主觀意志不是極其強烈，以致引起兒童的反應，那麼抑制行爲非常容易將外界的主觀意志滲透在兒童的行動中。這種情況經常發生在有修養和有「自控能力」的階層中，特別是被溫文爾雅的「保母」帶過的孩子。我想舉一個比較明顯的事例。一個約四歲的小女孩與她的奶奶兩個人住在她們的別墅裡，小女孩想打開花園裡水池的龍頭看水池噴水。但是當她正要做時，卻又把手縮了回去。奶奶鼓勵她打開水龍頭，但是小女孩卻回答說：「不行，保母不願意。」於是，奶奶想勸服她，表示完全同意她去做，告訴她是在奶奶的別墅裡。小女孩笑起來，顯出很高興和滿足，而且特別想看到水池噴水，但是儘管她伸出手臂，把手伸向水龍頭，最終還是縮了回去，沒有打開水龍頭。雖然保母不在場，但是對於保母的命令，小女孩還是非常順從的，就連她身邊的人再怎麼說服也無濟於事。

另一個類似的事例發生在一個年齡更大些的孩子身上。他大約有七歲，當時他坐在那裡，被遠處的東西吸引，想過去看，但又猶豫不決地退回來坐下，沒有達到願望。控制小男孩的「主人」呢？沒有人知道，這已經深深印在兒童的記憶中了。

對環境的愛

可以說，兒童容易接受暗示是兒童心理塑造功能之一，也是典型的內在感覺中比較極端的現象，我們稱爲「對環境的愛」。兒童觀察事物非常熱情並被事物所吸引，尤其是成人的行爲，其目的是了解和再造。那麼，從這個角度看，成人賦有某種使命，即作爲兒童行爲的啓發者，成爲一本打開的書，作爲讓兒童能夠閱讀他們自己活動的指南，學到他們正確行爲所必須學習的東西。然而，成人要承擔這項任務，必須始終保持冷靜並慢慢地行動，讓兒童能夠觀察到行動的每個細節。

相反地，如果成人只顧自己的快節奏，不去啓發兒童，他就會把自己刻在兒童的心靈之中，實際上用暗示替代了兒童。

對感官有吸引力的物體也具有誘惑的暗示能力，它能夠像磁鐵一樣吸引兒童活動。在此，我舉一個萊文教授透過他的心理電影所做的有趣實驗。實驗的目的是了解我們學校裡弱智的兒童和正常的兒童（年齡相仿且外界條件相同）對同樣物品的不同表現。一張長桌上擺放了很多東西，其中包括我們自己學校使用的教學用具。

第一組兒童進來，他們表現出受到物品吸引，很感興趣；他們很高興和活潑，好像很高興看到這些東西。

第二組兒童進來，他們行動遲緩，停下來慢慢地看，勉強拿起一樣東西，大家圍過來看看，之後便顯得索然無趣。這樣，第二組鏡頭結束了。

哪一組是弱智的兒童？哪一組又是正常的兒童呢？弱智的兒童是活動積極和高興活潑的那一組，他們樣樣東西都摸，想去實踐，他們給觀眾留下的印象是更聰明，因爲人們普遍把高興活潑和喜歡樣樣東西都摸的兒童看作是聰明的。

與此相反，正常的兒童行動時顯得很平靜，他們特別好靜，看東西時像是在思考什麼。因此，正常兒童表現出的是安靜、不好動和總是若有所思。

看上去，這個實驗與人們普遍認同的觀念是衝突的，因爲在一般環境下，聰明的兒童會有像電影中弱智兒童那樣的行爲表現。一個正常的、行動緩慢和總是若有所思的兒童雖然是另一類，但卻可以馬上看出，他們克制自己的行動是因爲受到他們「自我」的控制和理智的指揮。自我和理智控制了來自東西的暗示，兒童依照控制的自我和理智支配它們。因此，積極地活動並不重要，重要的是自我控制。人用什麼方式和以什麼感覺去行動並不重要，重要的是能夠控制自己的活動器官。在「自我」的指揮下運動，而不是純粹受外界事物吸引，把精力集中於一件事物上，這就是現象的內在原因。

那種謹慎和經過思考的行動是完全正常的，是一種秩序的綜合體現，可以稱爲內在自律。對外在行動的約束是依照按秩序組織起來的內在自律所進行的表現。當秩序失調和缺乏自律時，行動就是脫離個性的指令，被他人的意志支配，被外界事物迷惑，就像一艘隨波逐流的小船。

外部意志很難約束行動，因爲它不能系統地組織行動，這樣人的個性就被分裂。兒童也因此失去了按自己天性發育成長的機會，可以比作一個人乘坐熱氣球降落在沙漠裡，他突然看到熱氣球被風刮走，一個人被拋下。這個人已經控制不了熱氣球，周圍也沒有其他東西可以代替。這就是在成人與兒童衝突中發展起來的人的形象，是一種晦澀和發育不良的智慧，脫離了正確的表達方式，表現得混亂並被各種因素所困擾。

第十五章　運動

我們有必要強調運動在心理塑造過程中的重要性，但是把這種運動只當成各種身體器官功能的運動，而且將這種運動功能存在本質差別的消化、呼吸等功能區分開來，則是非常嚴重的錯誤。事實上，人們應該把這種運動看作是能幫助身體的正常新陳代謝，促進呼吸、消化和血液循環等。

運動作爲動物界一種主要和典型的功能，同樣影響著植物界生活的各種功能。可以說，它是一種驅動所有功能的特質。如果只從肌體角度看待運動，那是錯誤的。例如，體育運動，它不僅有益於身體健康，還可以激發勇氣和自信心，提高意志，喚起人們的極大熱情。這意味著心理效果遠遠超過純肌體運動的效果。

兒童的發育成長透過自己的努力和活動，並不僅僅是簡單的、與年齡聯繫在一起的自然現象，它還反映出兒童的心理表現。極其重要的是，兒童能夠獲取形象並保持形象的清晰和條理性，使「自我」在感覺能力的引導下建築智慧。透過這一內在和隱性的不懈工作，人具備了理性。歸根究柢，它使人有別於其他動物，有了理智。因此，人透過理智思考和判斷產生慾望，之後把慾望付諸行動。

對於兒童，成人的態度是等待兒童的理性隨著年齡的增長而發展；另外，成人注意到兒童在自身努力成長過程中遇到的困難，但是他們卻沒有提供任何幫助，而只是簡單地等待兒童理性的出現，然後以自己的理性對抗兒童的理性，它首先可能在兒童想進行運動時阻礙了兒童願望的實現。要理解兒童運動的本質，需要把它看作是兒童創造能力肉化成人的過程，它使人成爲眞正屬於人類的人，它也激發了人的活動肌體，即在外界環境中行動的工具，使人能夠實現自己的生命週期，履行人的使命。運動不僅是一種「自我」體現，而且還是意識形成不可缺少的因素，是「自我」與外界現實確立明確關係的唯一可感知的方式。因此，運動是智慧形成的基本因素，依存於對外界環境事物的獲取，既是抽象的概念，也是在與客觀事實接觸中獲得的結果，人可以透過運動掌握客觀事實；即使最抽象的空間和時間概念也是透過運動理解的。由此，運動把精神與世界聯繫在一起，而精神運動又有著兩個方向，即內在思想和外在行動。運動器官代表著人最複雜的結構，人的肌肉如此之多，以至於不可能全部使用，甚至可以說，人總是留有一部分不用的器官；例如，從事精細手工工作的人專門使用某些肌肉，而芭蕾舞演員卻根本不會使用到，反之亦然。可以說，人的個性特徵發展只使用了其中的一部分。

然而，人保持正常狀態需要有足夠和有效的肌肉活動；在這個基礎上，人才能擁有無限的可能性。如果正常數量的肌肉不能完全保持運動，個人的生命力就會降低。

如果我們有在正常情況下本應活動但卻不活動的肌肉，那麼它不僅會導致肌體衰退，而且心理也會衰退。爲此，運動的肌體反應也是源自精神的活力。

要更好地理解運動的重要性，就需要認識運動功能和意志之間的直接關係。肌體的所有植物性功能，雖然與神經系統相關，卻都是獨立於意志之外。每個器官都有自己固定的功能，進行經常性的運動，器官細胞和組織具有適合發揮該種功能的結構，如同專業人員和專業工人無法從事其他專業的工作一樣。這些器官組織與肌肉纖維之間的根本差別在於，儘管在肌肉纖維中，細胞從事著他們專門的工作，但是，他們卻不能始終連續自主地發揮功能，而是需要按照一定秩序開始行動；沒有秩序，他們將無所適從。我們可以把細胞比作士兵在等待上級的命令，士兵只會聽從紀律和服從安排。

我們在上面提及的細胞有各自明確的職責。例如，分泌乳汁或唾液的細胞、供氧細胞、排毒細胞或殺菌細胞，所有細胞結合起來，透過他們持久不斷的工作，保持著肌體的運行，社會結構體系中的工作分工亦是如此。適應其中一種明確的工作，對於整體的正常運行是最根本的。

相對的，大量的肌肉細胞應該是自由、靈活和反應敏捷的，隨時服從命令的指揮。但是，要服從命令必須有所準備，由於只有透過長期練習才能做好準備，因此必須進行練習，掌握各部分的協調，使各部分能夠一起行動，準確地執行命令。

這一完善的系統建立在組織紀律的基礎之上，能夠讓來自中央的命令傳達到所有遠端和每一個個體，只有這樣，整個肌體才能創造出奇蹟。

意志如果沒有表達的工具又有什麼用處呢？

是啊！意志透過運動傳導給所有肌肉纖維。我們協助兒童努力達到這個目標，兒童渴望、或更準確地說，被激發去完善和控制肌體，否則，兒童只不過是一個人的軀殼，沒有意志。兒童不僅不能表現智慧的成果，而且智慧也不會結出成果。表達意志功能的肌體不僅僅是一個執行工具，它還需要塑造。

在我們的學校裡，自由活動的兒童最出乎意料和令人驚嘆的表現，是他們在工作時充滿熱情和細緻準確。在自由環境下生活的兒童，他的行爲表現不僅是尋求捕捉外界環境的可視形象，而且在行動中力求準確。精神似乎在推動他體現現實存在和進行自我實現。兒童是一個發現者，他好像一個從混沌星海中誕生的人，一個尚不確定、但卻是光輝的人，他正在尋找自己的原型。

第十六章　誤解

由於成人絲毫沒有注意到兒童原發性活動的重要性，他們只會阻止兒童的活動，把它視爲一種干擾因素。

科學家和教育工作者，甚至也忽視了活動在人的發展過程中的極端重要性。如果說「動物」的「動」就有活動的概念，植物和動物的區別在於植物是扎根在土地上，而動物是可以運動的，那麼人們爲什麼要限制兒童的活動呢？

成人潛意識的說法是：「兒童是一棵小樹，是一朵花。」這意味著「兒童要保持安靜」。成人也會說：「兒童是天使。」也就是說，兒童是一個活動和飛翔的生命，但是卻在成人的世界之外。

它揭示了人們心理神祕的盲目性，其侷限性超出了心理分析學定義的「視覺斑區」的狹窄邊界，心理分析把它界定爲存在於人類潛意識中的局部盲目性。

這種盲目性程度極深，科學用其探索未知的精確方法也只是流於表面，而沒有能夠深入地揭示它，它是人類生活最不尋常和最不明顯的一面。人們一致認同感覺器官在智慧形成中的重要作用，沒有人懷疑智慧的價値所在。很顯然，一個聾啞人或一個盲人在成長發育中會遇到難以克服的困難，因爲聽覺和視覺是智慧的視窗，是智慧的感知工具。人們普遍認爲，在同等內在條件下，聾啞人和盲人的智力水準要低於可以利用所有感覺的人。另外，人們也普遍認爲，聾啞人和盲人的痛苦是特殊的，其後果並不影響他們的身體健康。但如果想有意剝奪兒童的視聽感覺，就能夠讓兒童更迅速地吸收文化知識和社會道德規範，那是荒謬的，沒有人會接受如此想法。人們從來不會首選盲人和聾啞人的標準促進文明的進步。

儘管如此，「運動在人的智慧和道德建設中具有極其重要的作用」的觀念並不容易得到普及。如果人在發展過程中活動器官被忽視，他的發展就變得遲緩，就會永遠處於低水準，比喪失某一個智慧感知器官的情況還要嚴重。

人被「肉體禁錮」的痛苦是不同的，它比盲人或聾啞人的痛苦更爲悲慘和深刻。儘管盲人和聾啞人無法感知某些環境元素，沒有發展某些外部工具，但是他們在精神上卻擁有適應能力，至少在某種程度上，一種感覺能夠彌補缺失的另一種感覺。相反，運動是與本身的個性聯繫在一起的，其他東西無法代替。人如果不運動，便是自我傷害，放棄生命，墜入無底的深淵，成爲永久的囚徒，就像《聖經》裡被逐出伊甸園的人物，羞愧痛楚地走向陌生的世界，經歷難以知曉的痛苦。

談到「肌肉」，人們通常想到的是某種機械的，完全是發動機式的機械系統。我們是由精神構成的觀念似乎與之背道而馳，它不是唯物論和機械論的觀念。

對於智慧發展、也就是人類知識的進步，把運動看作比智慧感知器官更重要的方面，似乎動搖了人們最根本的觀念。

但是，眼睛和耳朵也存在機械系統，沒有什麼比構成眼睛那樣「充滿生命力的照相機」更完美的系統。耳朵的構造也是一個由可顫動的纖毛和耳膜組成的奇妙系統，像一支爵士樂隊，其中樂鼓也不會缺少。

然而，我們在談到這些精妙器官對於人類智慧形成的重要性時，並不是把他們想像成機械裝置，我們想到的是用途。透過這些具有生命力的神奇裝置，「自我」與世界交流，根據自己的心理需要去運用這些裝置。看到旭日東昇，大自然神奇的景觀，或是藝術作品帶給人們的喜悅，對外界聲音的感覺，人們悅耳的話語、音樂等等，所有這些多種多樣和持續不斷的感受給「自我」帶來了心理生活的享受，並爲記憶提供了豐富的營養。

如果「自我」不能去看和享受，那麼感覺器官系統又有什麼用處呢？視聽並不重要，重要的是在視聽時，「自我」個性在形成，自給自足，享受並且成長。

我們可以用同樣的道理判斷運動。毫無疑問，運動具有自己的機械器官，儘管並不像耳朵的鼓膜或眼睛的晶體那樣屬於硬實固定的系統。人類生活，也就是教育的根本問題在於，「自我」能夠激發和控制自己的運動工具，在自身的行動中服從某種因素，那個因素應該高於一般現實和植物性生活的功能，「那個因素」通常是本能；但是對於人來說，它應該屬於智慧、是創造性精神。

如果不能實現這些基本條件，「自我」就會分裂，離開本應激發的身體，淪爲一種本能，不知走向何方。

第十七章　愛悟

人們按照自己的規律從事工作和生活，營造生物之間和諧的氛圍，由此以「愛」的形式得到覺悟。我們可以說，這是對自我解放的「檢驗」，是健康的標誌。

毫無疑問，愛並不是動因，而是動因的反射，好像星星從其他更大的行星①得到光一樣。動因是本能，是激發生命的創造力，但是動因在實現創造的過程中反映出愛。因此，兒童的意識中充滿著愛，兒童用愛實現自我。

兒童在「敏感期」對外界事物難以抑制的衝動可以看作是對環境的愛。這種愛並不是一般概念的愛或用這個詞表示一種情感，它是一種智慧的愛，愛看，愛觀察，在愛的過程中塑造自己。這種啓迪推動兒童去觀察，可以用但丁②的話稱爲「愛悟」。

熱情和細緻觀察環境特徵的能力肯定是某種形式的愛，而對我們已經失去衝動的成人來講，它變得毫無意義。我們能夠敏感地觀察到他人看不到的東西，記住他人不屑一顧或沒有發現的細微之處，看上去這種特質似乎是隱性的。但是，這種敏感難道不是愛的特徵，只有用愛才能發現嗎？兒童因爲用愛去觀察，從來沒有顯得無動於衷，所以兒童的智慧使他們能夠發現他人看不到的東西。

---

① 應該是恆星，也不一定是大的。——譯者注

② 但丁（Dante, 1265-1321），義大利最偉大的詩人，也是西歐文學巨擘之一。著有《神曲》等。——譯者注

活潑和快樂被成人看作是生活豐富的表現，同時又是兒童的天性。但是他們沒有想到愛，沒有想到精神能力和伴隨兒童塑造過程的心靈美。

在兒童身上，愛是純潔的，他們愛，因爲他們在領悟，因爲大自然命令他們必須這樣做。他們在汲取捕捉到的事物，吸收營養，使其成爲生命中的一部分。在外界環境中，愛的對象首先是成人，兒童從成人那裡得到物品和物質的幫助，他們抱著無限的愛，從成人那裡得到他們成長所必須的東西。在兒童看來，成人是可敬的，成人的話語就像一處噴湧的泉水，使他們能夠學會語言，成爲他們的指南。成人的話在兒童身上有著超自然的力量。

成人用自己的行動教導一無所知的兒童如何言談舉止，兒童模仿成人意味著走入生活。成人的言談舉止吸引著兒童，甚至在兒童身上轉化爲一種暗示。因此，兒童在成人面前非常敏感，甚至他們的生活和行動最終被成人支配。小男孩把鞋放在床上的事情說明是服從和暗示。成人所說的話已經印在他的思想中，好像用鑿子把它刻在大理石上一樣。你們還應該記得那個小女孩的例子，她的母親收到一個包裹，有綢緞和小喇叭。成人應該考慮和權衡一下他們在兒童面前所要講的話，因爲兒童在如饑似渴地學習和積聚著愛。

兒童願意服從成人，直到心靈的深處。但是，當成人爲了自己，要求兒童放棄推動他們按照既定規則和規律行動的指令時，兒童便不會服從，這就好像要求兒童在長牙時期停止長牙一樣。因此，兒童的任性和反抗也就是創造的衝動與對成人的愛之間激烈衝突的表現，成人卻不理解。當兒童任性不聽話的時候，成人應該思考一下爲什麼發生衝突，找到兒童防衛的原因，因爲兒童活躍的行爲是他們成長發育所必須的。

我們應該考慮到，兒童願意服從和愛，兒童愛成人勝過一切。反過來，人們經常說：「父母多麼愛孩子啊！」對於老師，人們也經常說：「老師多麼愛孩子啊！」大家都認爲，應該教兒童去愛，愛母親、父親、老師、愛所有人、愛動物、植物，愛所有的一切。

但是，誰在教他們這些事呢？誰是愛的教師呢？難道是那些稱兒童所有的表現是任性，防範兒童和保護自己東西的人嗎？這種人不可能是愛的教師，因爲他們不具備我們稱爲「愛悟」的感覺。

只有兒童在眞正地愛，他們希望成人在他們身邊，喜歡成人關注他們，兒童會說：「看我，和我在一起吧！」

晚上上床睡覺時，兒童會叫他愛的人，不願意讓他愛的人離開。我們外出吃飯時，吃奶的孩子想與我們一起去，並不是因爲他也想吃，而是爲了看著我們，和我們在一起。成人並沒有注意和理解這種神祕的愛。但是請注意，那個愛著你們的小生命將長大並將從你們的視線中消失。誰還會像他一樣愛你們？誰會在上床睡覺時叫你們，熱情地說一聲「晚安」？同樣，我們在吃飯的時候，誰會如此渴望與我們在一起，只是爲了看著我們？我們在阻止那種愛，而且將永遠找不到同樣的愛了！我們不耐煩地說：「我沒有時間，不行，我有事要做！」而我們在心裡卻想著「需要改變孩子，否則就會成爲他的奴隸」。我們想著如何擺脫兒童做自己喜歡的事，任由我們自己方便。

兒童一種非常壞的任性脾氣是早晨起來去叫醒爸爸媽媽，保母要絕對避免這種事，因而保姆幾乎成爲保護孩子父母晨睡的守護天使。

但是，如果不是因爲愛促使兒童一早起來就去找父母，那又是什麼呢？

清早，太陽昇起的時候，孩子像其他生活健康的人一樣起床，下床後去找還在熟睡的父母，像是對他們說：「你們要學會健康地生活，天已經亮了，已經是早晨了！」但是，孩子並不是向父母說教，他跑去只是爲了看到他所愛的人。

或許臥室緊閉，室內黑暗，沒有晨光透入。兒童心裡雖然害怕黑暗，但還是克服了所有恐懼，跌跌撞撞地走進來，輕輕地碰一下他的父母。父母便會低聲埋怨：「不是對你說過很多次了，不要這麼早就叫醒我們嗎？」孩子回答：「我沒有叫醒你們，我只想吻你們一下！」

他實際是想說：「我不是眞的想叫醒你們，我只想感受你們的精神。」

是啊，兒童的愛對我們極爲重要。父母睡了一生，對所有的事情都想麻木不仁，需要有一個人喚醒他們。他們已經失去活力，需要用新鮮和生動的力量振奮他們，需要一個與他們完全不同的人每天清晨對他們說：「起床吧！開始新的生活吧！學會更好地生活。」

是啊！要更好地生活，去感受愛的氣息。

如果沒有兒童幫助他們改造自己，人將變得頹廢。如果成人不能自我改造，在他們的精神周圍將會形成一道堅固的屏障，使他們變得麻木冷漠，這樣，心靈便會迷失方向。它讓我們想起最後審判中的話，耶穌基督對那些在一生中從未贖罪卻乞求復生的罪人詛咒說：

走開，你們這些可惡的人，你們看到我生病卻不照顧我。

罪人回答說：

「主啊，我們並沒有看到祢生病呀？」

「你們每一次看到窮人和病人時，那就是我。走開，你們這些罪人，我身陷囹圄時，你們卻從不來看我。」

「啊，主啊，祢何時被囚禁過？」

「每一個囚徒都是我。」

《福音書》這段悲慼的話說明，成人應該安慰作爲耶穌化身的每一個窮人、每一個囚徒、每一個受苦的人。如果把基督福音的一幕用在兒童身上，我們就會看到，耶穌基督在幫助所有兒童化身的人。

「我愛你，早晨我來叫醒你，你卻拒絕我。」

「啊，主啊，祢早晨何時來過我家叫醒我，而我卻拒絕了祢呢？」

「你們可愛的孩子去叫醒你，那就是我。那個請你不要離開他的人，就是我！」

沒有頭腦的人！是彌賽亞來喚醒我們，教我們愛！然而，我們卻想著那是兒童的任性。

如此下去，我們將喪失良心！

第二篇

第十八章　兒童教育

我們需要面對這樣一個現實：兒童有心理生活，心理活動表現微妙，不容易被察覺到，因而成人可以在潛意識的作用下抹煞兒童的心理圖譜。

成人的環境並不是兒童的生活環境，甚至到處是障礙，兒童面對各種障礙不得不自我防衛，扭曲地適應，成爲被暗示的對象。正是基於這種外部現實，人們過去研究了兒童心理學，確立了其理論特徵，把它作爲教育的基礎。如今，兒童心理學應該被重新澈底地分析。正如我們所看到的，在兒童每個出乎意料的答案下面，都有一個需要破解的謎，每一個任性的反應都是一個深刻內因的外在表現，不能再把它解釋爲由於對環境不適應而自我防衛的表面衝突，應該把它看作是兒童想自我表現而反映出的一個主要和重要的特徵。它就好像一場暴風雪，阻止了兒童的心靈從隱蔽處跳出來，向外界展示自我。

顯然，所有那些外界遮蔽心靈和每一次爲實現心理生活而進行內在努力的事件，那些任性、抗爭和心理的扭曲不能被看作是人的個性使然，它們最多是性格表現的一種結果。如果說精神胚胎的實質是兒童在心理發展過程中需要依照某種心理塑造的圖譜，那麼人應該有一種個性。有一個被隱藏的人，一個尚未被認識的兒童、一個活生生被束縛的人需要得到解放。

這就是教育首要和緊迫的任務，在這個意義上解放就是認識兒童，更準確地說，是發現未知。

如果說在心理分析研究和這種未知的兒童心理學之間存在著差異，其差異就在於：成人潛意識的祕密是某種被個人自我壓抑的東西，因此需要幫助他解開埋藏在長期生活下形成的結蒂，解析他複雜艱難的適應過程以及一系列的符號和曲解。兒童的祕密就隱藏在環境之中，需要在環境上採取行動，讓兒童的表現得到釋放。兒童正處在成長和發展時期，僅僅需要爲他們打開大門。事實上，兒童在創造，從虛無到存在，從潛在能力到現實擁有，在走出空虛的時候，兒童並不複雜；如果說它是一種擴張能力，那麼兒童在自我表現時不會存在困難。

所以，如果安排一個開放、活躍的環境，兒童的心理表現就會自然而然地表露出來，就能夠發現兒童的祕密。很明顯，如果不具備這項原則，所有教育的努力將可能陷入無法走出的迷宮。

眞正新型的教育就是：首先發現兒童，實現對兒童的解放。在這個方面可以說首要的問題是兒童的存在，其次的問題是兒童向成人轉化的時期，應該如何給兒童提供幫助。

這兩個問題的一個共同基礎就是環境，環境應該有助於兒童的發展，盡可能地減少障礙。是環境在容納各種能量，爲各種能量的活動提供必要的條件。此時，環境也屬於成人，成人必須適應兒童的需要，讓兒童獨立活動，不要成爲他們的障礙，並使兒童在逐漸成熟的活動中不要代替他們。

我們對兒童教育方法的一個核心特點就是注重環境。

我們同樣也關注和探討學校教師的新形象。教師應該是被動的，應該掃除兒童活動面前的障礙，消除自己的權威，讓兒童變得主動；教師應該高興地看到兒童自己的行動和進步，又不把成績歸功於自己。教師應該從聖約翰的情操中得到啓發：「他應該成長，我應該變小。」這種教育方法的另一個突出原則是：尊重兒童的個性，使之達到前所未有的最高水準。

這三個主要理念在一些特殊的學校裡得到了運用。這些學校最初以「兒童之家」命名，這個詞可以讓人們聯想起家庭的環境。

從事這種教育工作的人都知道，這種教育方法至今仍受到爭議。引起爭議之處是成人和兒童地位的根本轉變，教師沒有講臺，消除了權威，幾乎不再施教，兒童則成爲活動的中心，自己學習，自己選擇做事和活動。因此，人們即使不認爲是烏托邦式的空想，也會把它看作過分誇張了。

但是另一個觀念，即物質環境應適合兒童身體比例的觀念，已經被人們贊同和接受。光線明亮的房間、低矮的窗戶，視窗擺滿鮮花，各式各樣的小家具，就像一個現代家庭的陳設，小桌子、小椅子、雅致的窗簾、兒童觸手可及的櫥櫃，裡面擺放的物品可以讓兒童隨心所欲地拿取，所有這一切眞正改善了兒童的生活。我認爲，大部分「兒童之家」的確保持了這個主要特色。

如今，經過長期的研究和實踐，我們需要重新討論這個問題，特別是讓人們了解事情的由來。

人們如果認爲是從對兒童的觀察推斷出兒童有一種隱含的天性，因而得出如此大膽的結論，並從這種推斷產生直覺，要建立一個特殊的學校並使用特殊的教育方法，那麼這種觀念是極端錯誤的。我們不可能觀察未知的東西，一個人也不可能憑藉模糊的直覺想像兒童有兩種天性，而且說「現在我要用實驗來證明」。可以說，新生事物是自發出現的，人在新生事物出現時並不是盲人，但往往難以相信。他會像其他人一樣拒絕新生事物，因此，新生事物在最終被人們看到、認可和熱情接受之前，需要堅持不懈地表現自己。心有觸動的人應該以極大的熱情去迎接新的光明，接受它，爲之著迷，爲之獻身！他雖然只是對新生事物比較敏感，然而他所表達的熱情，甚至使人想到，新生事物是他首先創造的。只有這樣，人們才能達到「認可」的程度，並按照《福音書》所描述的去做：

> 天堂就像一個尋找美麗珍珠的商人，當他找到珍貴的珍珠時，他就會跑上去，傾其所有把它買下來。

對於我們來說，最難的問題是注意到新的東西，繼而說服自己去接受它，因爲在新生事物面前，我們感知的大門是關著的。

思想就像貴族的沙龍，拒絕陌生人，只有透過某一個熟悉的人介紹才能進入。所謂「思想從未知到熟知」。然而，「新生事物」卻要推倒關閉的大門或者偷偷地潛入。因此，這個新生事物就會令人驚奇和混亂。當伏特[①]看到被剝皮的死青蛙顫抖的時候，他並不是沒有激動和不相信，但是他卻沒有就此止步，而是最終發現了金屬電流效應。一件小事往往足以爲人們打開無限的視野，因爲人的天性是一個尋覓者，一個探索者，但如果這些細小之處沒有被發現和注意，人就不可能前進。

在物理學和醫學領域，對於什麼是新現象有著嚴格的界定。新現象是指未知的、對其存在不容懷疑的事實首次被發現，事實是客觀的，因而不受直覺左右。證明一個新的事實存在時，需要證明它本身存在，因此需要把它分離出來。然後第二步是研究現象存在的條件，只有解決了這個根本問題，人們才能開始深入研究現象，開始多方面的探索。研究應該有一個前提條件，就是現象的出現。如今有一種研究是專門複製、持續保留和控制現象，使之成爲一種現實，不是曇花一現；而是能夠明確掌握，具有現實的價值。

第一個「兒童之家」是最初發現的範例，它從小處打開了無限寬廣的道路。

---

① 伏特（Volta, Alessandro Giuseppe Antonio Anastasio, 1745-1827），義大利物理學家，發明了電池——最早的直流電源。——譯者注

我們最初的教育方法

在我過去一些舊的筆記中描述了我們最初的教育方法。

你們是誰？

那是一九〇六年一月六日，我們的第一所學校開學，學校裡都是些三至六歲的正常兒童，我還不能說這就是我的教育方法，因爲當時還不存在，我的教育方法是在之後較短時期內形成的。那天，學校裡只有五十幾個窮孩子，粗衣粗褲，膽怯害羞，很多孩子流著眼淚，其中大部分孩子的家長是文盲，他們把孩子委託我來照顧。

我們最初的計畫是把一幢普通工人住的公寓裡的孩子們聚集起來，目的是不要讓他們在樓梯上任性放縱，亂塗牆壁，處處弄得亂糟糟的。正是出於這種考慮，在同一幢公寓樓裡安排了一個房間，一個幼兒園。我被請來照顧這個幼兒園，我想或許它將有美好的前景。

我有一種說不清的感覺，一個偉大的事業即將誕生。

主顯節那天，教堂裡聖餐儀式上的話像是一種祝願和預言：

黑暗籠罩大地，這時東方出現了星星，它的光芒將指引眾生。

所有參加開學典禮的人都很詫異，他們交頭接耳地說，蒙特梭利爲什麼對這樣一個無足輕重的窮人幼兒園如此誇大。

我開始了工作，就像農民一樣，有了麥子的良種，還有一片肥沃的土壤可以隨意耕種。然而，事情並非如此。當我挖開泥土時，發現的不是麥子而是金子，泥土下藏著寶物。我並不是自己認爲的農民，而是阿拉丁②，自己還不知道手裡拿著打開寶藏的鑰匙。

我爲這些正常兒童的工作給我帶來了很多驚喜。

邏輯地想，那些在弱智兒童身上獲得巨大成果的教育手法，也同樣可以眞正作爲一把鑰匙，幫助正常兒童的發育成長。另外，所有能夠強健智慧，糾正假性智力的方法都包含著心理衛生的原則，它對於幫助兒童鞏固正常思維和心理發展也大有裨益。這些內容都沒有什麼新奇的，其總結出的理論對於教育出正常和正確思維能力的兒童應該是更積極和科學的。但是，最初的結果仍然讓我感到非常驚詫和難以置信。

與那些弱智的兒童相比，我所準備的物品在這些正常兒童身上產生了不同的效果。正常的兒童受物品吸引，非常專注地觀察並不停地去做，注意力特別集中。做完之後，他們會顯得滿足、放鬆和高興，從孩子們平靜的小臉上和閃爍著喜悅的眼神中，可以看出他們完成自

---

② 阿拉丁（Aladdin），《天方夜譚》中最著名的故事之一的主角，他持有一盞神燈，能實現他的每個願望。——譯者注

發工作後放鬆的表情。那些物品就好像是給鐘錶上弦的鑰匙，上弦之後，鐘錶就會自己走起來；然而，兒童在活動之後，心理就會比以前變得更堅強、更健康。經過了相當一段時間，我才最終相信，這並不是我的錯覺。對於每次新的嘗試所產生的某種事實，我在很長時間裡都不敢相信，同時我也爲之感動、感慨，甚至焦慮。記得有多少次，我批評教師向我彙報孩子們所做的事！我曾經嚴肅地對她說：「不要給我編這些故事。」我記得，她並沒有生氣，而是激動地，甚至流著眼淚回答說：「您說得對。當我看到這些事時，我想一定是天使在啓發孩子們。」

終於有一天，我滿懷一顆眞摯的心，想著那些多麼可愛的兒童，激動地用手捂住自己的胸口，自問道：「你們是誰？」或許，我見到了耶穌基督懷抱的孩子，耶穌說：

誰以主的名義接受這些孩子，就是接受了我。

如果你們不能像兒童一樣，你們將不能升入天堂。

這就是當時我見到孩子們的情況。這些孩子淚眼汪汪，膽怯不安，害羞得講不出話來。他們面無表情，眼神茫然，好像生平沒有看到過東西一樣。他們是窮人家的孩子，被生活所拋棄，在破舊昏暗的房子裡長大，沒有心理成長的環境，得不到他人的照顧。所有的人都能看出來，他們營養不良；不需要醫生說話就可以肯定，他們急需營養，生活需要空氣和陽光。他們是未開的鮮花，花蕾沒有含苞待放，心蕊被封閉在花被之中。

有什麼條件能讓這些兒童澈底得到轉變，或更準確地說，成爲「新的兒童」，讓他們的心靈閃光，讓光芒照亮周圍整個世界呢？

應該爲「兒童的心靈得到解放」創造極爲有利的條件，應該消除所有抑制他們行動的障礙。但是，誰知道這些抑制性的障礙到底是什麼呢？哪些又是有利的環境或者是必須的環境，能夠讓被埋藏的心靈開出鮮花呢？對於這樣一個崇高目標，看上去很多環境條件似乎是對立和消極的。

我們從兒童的家庭條件說起。兒童的家長都處於社會最下層，他們不是眞正的工人，而是每天在尋找臨時性的工作，他們照顧不了孩子，而且幾乎所有的家長都是文盲。

由於這是一個被認爲沒有前途的工作，不可能找到眞正的教師，於是我們聘請了一個人，她過去曾經上過師範，後來當了工人，因此她沒有任何經驗或在教學過程中難免形成的偏見。另一個極爲特殊的情況是，這所私立幼兒園不是一項眞正的社會事業，因爲它是由一家建築公司開辦的，把維持學校作爲公寓樓維修的間接費用。把兒童聚集起來，目的是避免牆壁遭受損壞，公寓樓因此不再需要經常性的維修。不能把它想成是慈善事業，像爲生病的孩子提供醫療或是給學校裡學生免費供應午餐。唯一能夠做到的是一間辦公室的正常費用，也就是家具和配套物品。因此，我們要自己動手製造一些家具，而不能去購買學校用的課桌椅。如果沒有這些特殊情況，我們也不可能發現兒童純粹的心理因素，證明心理因素對兒童變化的影響。「兒童之家」當時並不是真正的學校，只不過像是一種測量儀器，在開始使用前的數值爲零。正是因爲當時不具備兒童的環境，沒有課桌椅、講臺，也沒有其他學校用的陳設，我們專門製作了一套像辦公室或居家使用的家具。另外，我還請別人製作了完全像我在啟智學校裡使用過的科學教學用具，當時沒有人想到教學用具會有什麼作用。

不能說我們第一個「兒童之家」的「環境」像如今見到的那樣優雅輕鬆。最大的家具不過是一個結實的講臺，厚重得就像一個布道壇；還有一個高大粗實的櫥櫃，所有的物品都可以放在裡面，厚實的櫥門用鑰匙鎖著，鑰匙由教師拿著。爲孩子們製作的桌子堅固耐用，而且很長，三個孩子可以並排坐下，課桌像一般學校裡順序擺放的方法一張接著一張。全新的東西只有簡單的小凳子和小椅子，每個孩子一把。在院子的花園裡，當時只種了一些矮小的植物和小樹，花都沒有，而花在後來成爲我們學校一個明顯的特徵。面對學校所有這一切，我那時並沒有幻想做一些重要的實驗。但不管怎樣，我準備嘗試用科學的方法進行教育，體驗一下正常兒童和弱智兒童在反應上的差別，更重要的探尋是我模糊地意識到，年齡較小的正常兒童和年齡較大的弱智兒童在反應上的聯繫。

我沒有給老師作任何限制，也沒有布置特殊的任務，只是教她如何使用某些感官教學用具，讓她正確傳授給兒童。老師覺得簡單有趣，還可以自由發揮。

過了一段時間，我發現老師開始自己動手製作其他教學用具，有鍍金十字架，再用紙加點裝飾，她說用來獎勵表現好的孩子。我的確也經常看到在一些孩子胸前掛著那些可愛的小飾物。另外，老師還教孩子們如何把手放在額頭上行軍禮，儘管年齡最大的學生只有五歲。對此老師似乎很滿意，我覺得滑稽好笑但也很可愛。

我們就是這樣在平靜和與外界隔離的情況下生活。很長一段時間，沒有人注意我們，然而，我想總結一下這個時期的主要內容。儘管是一些小事，不值得鄭重其事地描寫，但是仍值得像兒童故事開始那樣講述：「從前……」；另外，我的工作也非常簡單和單純，可能沒有人認爲是科學的。但是，系統地描述應該能夠引發各種思考，甚至帶來心理發現。

第十九章　重複練習

第一個引起我注意的現象是一個約三歲的小女孩，她不停地把一些圓柱體的積木插進去抽出來，就像塞瓶塞一樣，圓柱體的積木由小到大，每個圓柱體都有對應的積木槽。我驚奇地看著如此小的孩子，極其專注地重複著同樣的動作，看上去她的動作並沒有不斷加快和更熟練，只是一種不斷的重複。由於養成了研究的習慣，我開始爲她數次數，而且我想試試小女孩全神貫注的表現到底能持續多久。於是，我對老師說，讓其他孩子一起唱歌和活動。然而，周圍的一切卻絲毫沒有擾亂她正在做的事。這時，我小心翼翼地抬起她坐的小椅子，把小椅子和她都放在一張桌子上，小女孩一下子抓起她的東西，放在膝蓋上，仍然繼續做她的事。從我數數開始，小女孩一共重複了四十二次。她停下來的時候如同好夢初醒一般，幸福地微笑，閃亮的眼睛環視著周圍，她甚至沒有注意到周圍干擾她的事情發生。在沒有外界因素干擾的情況下，她做完了自己的事。那麼，她做完什麼事呢？爲什麼這樣做呢？

這是我們第一次洞察到未曾發現的兒童心靈深處。她僅僅是一個非常小的兒童，那個年齡的兒童注意力難以持久，不集中，會不停地從一件事轉移到另一件事上。但是，卻發生了這樣一件注意力集中的事，「自我」完全不受外界事物的刺激，注意力集中在手上有節奏的運動和一件需要有準確性的物體上。

類似的事情還有，每次結束後，兒童都會顯得非常放鬆，充滿了生機，像是一個充滿喜悅的人。

儘管兒童全神貫注的情況並不常見，而且外界的人不以爲然，但是我卻注意到所有兒童都有一個奇怪和共同的行爲表現，而且基本上在各種活動中都存在，屬於兒童活動的特點，我後來稱爲「重複練習」。

有一天，我看到孩子們在洗很髒的小手，我便想到要教孩子們做一件有益的事情：如何洗手。我注意到，兒童在把手洗乾淨後，還在不停地洗。離開學校前，他們還要去洗手。有些母親告訴我說，孩子們早晨起來就不見了，後來發現他們在洗衣房裡洗手，他們非常自豪地向所有人伸出乾淨的小手，有一次甚至被當作伸出手要飯的乞丐。他們一次次不斷重複練習，但是已經沒有任何外部的理由。這類事情在其他情況下也不斷發生，教兒童所做的事情越是細微準確，就越能激發兒童不停地重複練習。

第二十章　自由選擇

另一個讓我觀察到的事情也非常簡單。孩子們使用的教學用具是老師發的，然後老師再把教學用具放回原處。老師對我說，當她發東西的時候，孩子們都站起來，走到她面前。每次老師讓孩子們回到座位上，但是他們還是要走回來。老師的結論是，孩子們不聽話。

經過觀察，我明白了兒童希望的是把東西放回原處，讓他們自由地拿取。在這種方法中，兒童開始了某種新的生活。把物品擺放整齊，避免混亂，是一件非常吸引他們去做的事。如果一個孩子手上的水杯掉在地上，其他孩子會跑過去收拾玻璃碎片，並擦乾地板。

有一次，老師手上拿的一個裝滿八十幾種不同顏色的小色板盒掉落在地上。我還記得當時她非常尷尬，因爲確實很難排列和辨別色差。但是，讓我們特別吃驚的是，孩子們跑過來，很快就把色板整理好了，顯示出他們對顏色有不同尋常的感覺，超過我們。

有一天，老師到學校晚了一會兒，她前一天忘記鎖櫥門。老師進門的時候，發現孩子們已經打開櫥櫃門，許多孩子圍著拿東西，有的孩子取出東西後就拿走了。於是老師認爲這種行爲是出於偷竊的本能。在她看來，應該嚴肅對待孩子偷竊，不尊重學校和老師的問題，需要進行道德教育。但是，我卻理解爲，孩子們已經非常認識這些教學用具，可以自己選擇。事實也是如此。

自由選擇讓兒童開始了一種生動有趣的活動。孩子們有自己的喜好，選擇自己要做的事。從那時起，我們使用了低矮的櫥櫃，教學用具隨孩子們內心的需要選擇。這就是自由選擇的原則，與重複練習的原則密切相關。

從自由選擇出發，我們觀察到兒童的心理趨向和心理需要。

最初一個有趣的現象是，看到孩子們並不是選擇所有我爲他們準備的教學用具，而只是其中幾個。他們每次幾乎選擇同樣的東西，而且有幾樣東西明顯成爲他們的首選。而另外一些東西則被丟棄在一邊，落滿了灰塵。

不過，我卻把那些教學用具都拿出來，讓老師爲孩子們講解東西的用途，但是孩子們仍然不會主動地再去拿它們。

於是我意識到，在兒童的環境中，除了井然有序之外，所有的事物都應該有一個規則，消除了雜亂和多餘的東西，兒童的興趣和專注便油然而生。

第二十一章　玩具

儘管學校爲孩子們準備了一些非常漂亮的玩具，但是孩子們並不理睬。這一點讓我感到特別奇怪，於是我想自己跟孩子們一起玩這些玩具，教他們如何使用小餐具，在玩具娃娃的廚房裡生火做飯，並在旁邊放上一個漂亮的玩具娃娃。孩子們只玩了一會兒便走開了，而且他們也從來不會主動選擇這種玩具。由此我認識到，玩具遊戲對於兒童生活可能是低水準的，他們玩玩具只是退而求其次，在兒童的心靈中肯定有更高水準的要求，遠遠勝過所有那些無關緊要的事情。我們成人的情況也是如此，閒暇的時候下棋或打橋牌是一件愉快的事情，但是如果生活中只有下棋或打橋牌，那就不一樣了。有更重要和緊急的事要做時，人們就會忘記打橋牌。兒童也有其他更緊要的事情要做。

這是因爲，每分每秒對於兒童來說都很寶貴，它意味著不斷從低水準向高水準的進步。兒童在不斷成長，他們的興趣集中在有助於他們成長的事情上，對閒暇的活動漠不關心。

第二十二章　獎勵與懲罰

有一次，我去學校，看到一個小男孩獨自一人坐在房間中央的小椅子上發呆，他的胸前掛著老師給學生的一個大獎牌。老師對我說，這個孩子正在受罰。她之前剛剛獎勵了另一個孩子，還給他戴了獎牌。但是，他走過受罰的孩子面前時把獎牌送給了那個孩子，就好像獎牌根本沒用，而且妨礙他做事情似的。

受罰的孩子並不在意獎牌，他平靜地看著四周，根本就沒有覺得在受罰。這個事實已經說明獎勵和懲罰都沒有效果。但是我們還是想做更長期的觀察。經過長期反覆實踐，我們發現情況是相同的，甚至老師獎勵或懲罰孩子時都覺得難爲情，因爲孩子們對獎勵或處罰都覺得無所謂。

之後，我們不再獎勵或懲罰孩子。但是，最令人奇怪的是孩子們經常拒絕獎勵。這說明存在著一種意識覺醒和尊嚴感，它們以前並不存在。

第二十三章　安靜

有一天，我在院子裡從一位母親的手裡抱過一個四個月大的嬰兒，然後走進教室。按照民俗習慣，嬰兒被緊緊裹在襁褓裡，小臉蛋紅潤胖呼呼的，她一點也沒有哭。嬰兒如此安靜，讓我印象很深。我也想讓孩子們同樣體會一下，於是我說「她一點也不吵鬧」。然後又玩笑似地說：「你們也能這樣做到嗎？」此時，我驚訝地看到，孩子們表情非常緊張地看著我。他們好像在專心致志地聽著，深深地感覺到我說話的涵義。我繼續說道：「看她呼吸多平靜！你們都粗聲粗氣的，沒有人像她一樣呼吸！」孩子們驚呆了，屏住呼吸一動不動。那一刻，教室裡一片寂靜，甚至可以聽到平時難以聽到的鐘錶滴答聲，好像這個嬰兒把平時從未有過的寧靜氣氛帶了進來。

沒有人做哪怕是最小的動作，都希望體驗那種寧靜並保持它。所有孩子都是凝神靜氣的樣子，不能說是出於積極主動，因爲積極主動是衝動的外在表現，當時孩子們的表現則完全發自內心深處的願望。因此，孩子們在原地一動不動，甚至控制著呼吸，他們表情莊重專注，像是在沉思默想。在這種極其安靜的氣氛中，漸漸聽到了非常輕微的聲音，那是遠處的滴水聲和小鳥的啼叫聲。

於是，我們用這種方法開始練習安靜。

有一天，我突然想到要利用安靜的氣氛檢驗一下兒童的聽力。我想用變聲從遠處叫孩子的名字，誰聽到點名後應該到我面前來，但走路的時候不能發出聲響。讓四十多個孩子進行耐心等待的練習可能很費力，我以爲是不太可能的。於是，我拿了一些糖果和巧克力，準備發給每個走到我面前的孩子。但是，孩子們拒絕了糖果，好像在說：「不要破壞我們美好的感覺，我們心裡還在高興之中，不要分散我們的心思！」

我意識到，兒童不僅對安靜的情況敏感，而且還對安靜氣氛中叫他們的輕微聲音也非常敏感。他們踮起腳尖慢慢走過，小心謹慎地不碰到任何東西，聽不到他們的腳步聲。

之後，我明確感覺到，在運動過程中任何的錯誤都可以得到避免，正如在安靜的情況下可以避免發出聲響一樣，每種運動的練習都能夠促進兒童的運動趨向完美；重複練習能夠從外部細膩地規範任何人的行動，而這一點透過外界說教是無法獲得的。

我們的孩子學會了走動時不碰到周圍的東西，輕輕跑步時不發出聲響，他們已經變得更小心和靈敏，很高興自己的進步。孩子們所關心的是發現自己和自己的能力，並在未知的世界中進行生活的實踐。

很長時間過去後，我才最終相信，兒童拒絕糖果有其內在的原因。作爲獎勵和無足輕重的東西，糖果是不必要和非正常的營養。我覺得非常奇怪，因爲人們都知道兒童吃糖果，所以我想反覆驗證一下。於是，我準備了一些糖果，但是孩子們拒絕，不然就是把糖果放在罩衣的小口袋裡。我以爲可能是孩子的家裡比較貧窮，他們想把糖果帶給家人，於是我說：「這些糖果是給你的，其餘那些是給你帶回家的。」但是，孩子們還是接過糖果沒有吃，而是全部放在口袋裡。然而，不管怎樣，兒童還是喜歡禮物的。有一次，一個孩子生病臥床休息，老師去家裡看他，他像是爲了表示感謝，打開一個小盒子，拿出一塊學校送給他的糖果給老師吃。糖果非常誘人，但卻在盒子裡放了幾個星期，孩子沒有碰過它。這種現象在兒童身上非常普遍。在以後開辦的學校裡，有不少到訪問者專門來考證這種現象，在當時還為此寫了很多書。這是一種自發和自然的心理現象，因為沒有人願意教兒童苦行僧般的生活和拒絕糖果，也不可能荒謬地認為，兒童不應該玩耍，不應該吃糖果。兒童在自發拒絕來自外界無用的樂趣的同時，精神世界卻得到了昇華。一次，有個人給孩子們發餅乾，餅乾是幾何形狀的，孩子們沒有吃，而是很有興致地看著說：「這是圓形的！這是四方形的！」有一個普通人家的小男孩的故事也是很有意思的。他看著媽媽在做飯，媽媽拿了一整塊奶油，於是小男孩說：「是四方形的！」媽媽切掉一個角，小男孩又說：「妳現在拿走一個三角形。」然後又接著說：「剩下的是一個四邊形。」但是，他卻不會說出像一般人所說的話：「給我點麵包和奶油。」

第二十四章　尊嚴

有一天，我想到要給孩子們講一堂幽默的課，教他們擤鼻子的方法。在模仿了各種使用手帕的方法後，我最後告訴孩子們如何謹慎小心，儘量減少聲響，然後再用手帕摸一下鼻子，使整個過程不引人注意。孩子們非常注意觀看，卻沒有笑，我不禁要自問其中的原因。但是，我在結束講解後，卻贏得了一片掌聲，就像一位藝術家得到了劇場裡觀眾經久不息的歡呼。我從來沒有聽說過如此小的孩子能夠熱烈地鼓掌，小手顯出那麼大的力量。那時我想到，或許我觸及了兒童小小世界裡有關社會關係中敏感的一面。在這個方面，兒童有一種恥辱感，一種因爲始終受到鄙視而產生的失落感。爲了這件事，兒童總是聽到大人叫喊，特別是那些平民家的孩子，甚至被取了令人瞧不起的綽號。大人喊叫和生氣，爲此還特別在兒童上學的時候給他們在外套上別一塊顯眼的手帕，以免丟失，但是卻沒有人教兒童應該如何擤鼻子。人們應當明白，兒童對成人鄙視羞辱他們的舉動非常敏感。那堂課給了他們正義，使他們在社會上抬起了頭。

我應該這樣理解，因爲在長期的實踐之後，我發現兒童有強烈的個人尊嚴感，他們的心靈容易受到傷害，導致痛苦和壓抑，成人可能永遠難以想像。

那天的事情沒有到此結束。我準備離開學校時，孩子們開始叫起來：「謝謝，謝謝妳上的課。」我出門後，孩子們也隨我走到大街上，他們在便道上排成一隊靜靜地在後面跟著我，直到我回頭說：「你們回去要踮起腳尖跑，當心不要碰到牆角。」於是，孩子們轉過身，飛一般消失在大門的後面。我覺得，我眞正觸到了那些可憐兒童的社會尊嚴。

有外人來訪時，孩子們表現出帶有尊嚴感的莊重和熱情，他們知道如何去做和如何熱情地禮貌待人。

有一次，我們得到通知，有一位重要人物要到訪，他希望單獨和孩子們在一起並觀察他們的表現。我對老師講：「一切要順其自然。」接著我又對孩子們說：「明天有人來訪問，我希望他們能看到，你們是世界上最好的孩子。」事後，當我問起訪問結果的時候，老師回答：「非常成功。有幾個孩子搬來一把椅子，禮貌地對客人說：『請坐。』其他孩子說：『早安。』客人走的時候，孩子們站在窗前喊：『非常感謝您的來訪，再見！』」我對老師說：「您爲什麼這麼擔心，要教孩子們嗎？我說過不要做特別的事情，讓它自然而然的。」老師回答說：「我對孩子們什麼也沒有說啊！」她還對我解釋說，孩子們做事很細心，每個人都拿了一樣不同的東西，一切都進展得極爲順利，客人非常驚訝和感慨。

很長一段時間裡，我都懷疑和不相信那位老師，而且多次問過她，因爲我擔心她是爲了掩飾自己，故意這樣說。但是最後我終於明白了，兒童有自己的尊嚴，他們尊敬客人，爲能最好地表現自己感到自豪。我不是曾經跟他們說過：「我希望他們能看到，你們是世界上最好的孩子。」然而，這一切卻不是因爲我的囑咐，他們才這樣做的。只需要說一聲「明天有訪問」就夠了，就像在大廳裡宣布有重要人物到了一樣。孩子們馬上會明白和產生責任心，莊重而且熱情，準備好事情的到來。我意識到，兒童沒有羞怯感，在他們的心靈和環境之間不存在障礙，他們的成長是充分和自然的，好像蓮花打開白色的花瓣，完全伸出心蕊，吐露著芬芳，沐浴著陽光。他們沒有障礙，這就是事實。兒童沒有什麼可隱藏的，沒有什麼可掩飾的，也沒有什麼可害怕的。事情就是這樣簡單。可以說，他們本來就很從容，能夠迅速和完美地適應環境。

兒童的心理靈活主動，能夠自由自在地發揮自己。他們心裡火熱，在與成人的接觸中，能夠熔化糾纏不清的結蒂，溫暖成人壓抑的心靈。兒童用愛接納了所有的人。他們就是這樣使所有到訪的客人產生了一種生動的新感受。

我們好奇地看到，訪問引起了到訪者非同尋常的感受。例如，那些穿著高雅，珠光寶氣，如同參加盛大招待會的女士們，得到了孩子們毫無嫉妒和純樸眞摯的讚美，高興地看到孩子們驚嘆的表情。

孩子們撫摸著女士們華麗的衣服和纖細香脂的手。有一次，一個小男孩走到一位身著喪服的女士身邊，把頭靠在她的身上，並且拿起她的手捧在兩隻小手中間。後來，這位女士激動地說，從來沒有人像那些小孩子一樣給她如此大的安慰。

一天，總理的女兒要陪同阿根廷大使訪問「兒童之家」。之前大使特意囑咐不要提前通知，因爲他想親自看一看他曾經聽到過的兒童自發的表現。但是，到了之後，他才知道學校放假關門。院子裡有幾個孩子走過來，其中一個十分自然地說：「放假也沒關係，我們都在家裡，門房有鑰匙。」

接著，他們行動起來，有人叫同學的名字，有人開門，所有孩子都動起來。那種不可思議的自發性不容懷疑地表現出來。

孩子們的母親對這件事非常感慨，她們向我談起家裡的私事。她們說：「這些三、四歲的小孩子，如果不是我們的孩子話，他們講的話會讓我們生氣。比如，他們說，你們的手髒，要洗一下。還有呢！要去掉衣服上的汙漬。但是，聽到他們講這些話，我們並不生氣。他們告訴我們，就像是在托夢一樣。」

這件事發生後，那些平民的家裡變得整潔了，窗臺上的破鍋盆也消失了。漸漸地，窗子變得乾淨明亮，盛開的天竺葵出現在院子的窗前。

第二十五章　紀律

儘管兒童表現得自由自在，而且舉止從容，但是從整體上看，兒童給人留下的印象還是非常守紀律的。他們安靜地工作，每個人專注自己的事情，在走來走去換東西和放回他們用過的東西時，腳步很輕。他們會走出教室，看一下院子裡的情況，然後再回去。老師吩咐的事情，他們能特別快地完成。因此，老師說過：「我說什麼，他們就馬上做什麼，我開始感到，我要為我的每一句話負責。」

是這樣。如果老師要求孩子們做安靜練習，她還沒有講完，孩子們已經一動不動了。但是，這種明顯對成人的服從並沒有妨礙兒童自主的活動，自己安排一天的時間。孩子們自己去拿用具，整理學校；如果老師遲到或暫時離開，讓孩子們單獨活動，一切仍然會很好。秩序和紀律與自發性密不可分，這一點也特別引起人們的關注。

兒童即使是在極為安靜的情況下也能恪守紀律，他們願意服從並準備去做，那麼原因究竟在哪裡呢？

兒童做事時，教室裡那種出奇的安靜令人感嘆。「沒有人故意製造，或許可以說，沒有人能夠從外部強制這種氣氛。」

兒童是否可能處在自己的迴圈軌道上，就像星星不知疲倦地沿著自己的軌道運行，發出永恆的光呢？《聖經》裡的話非常適合兒童的這種表現：

星星被召喚，它們說：我們來了。它們欣喜地閃爍光芒。

這類自然規範似乎超出了我們周圍的事物，是世界普遍性規範的某一方面表現。它是古老《聖經》讚美詩中所說的，人們曾經迷失的規範。任何直接外因造成的規範，比如社會規範，似乎都應該是建立在這種自然規範基礎之上。這就是最神奇的事物，引發人們更深入地思考。它本身好像包含著某些神祕的東西：秩序和規範緊密結合就能夠達到自由。

第二十六章　教育的開始

讀寫

有一次，二、三位母親一起到我們學校，她們要我教她們的孩子讀書和寫字。這幾位母親都不識字。我想拒絕，因爲這種事不屬於我的工作，但是在她們的堅持下，我還是接受了。

從那時開始，發生了一些更令我驚嘆不已的事。我當時教那些四、五歲的孩子只是認些字母，我讓老師在紙板上剪出些字母，自己也在砂紙上剪了一些，以便讓孩子們用手指觸摸，感覺如何書寫。我把這些字母分別放在板上，將形狀相似的字母放在一起，這樣那些小手觸摸起來，動作就會基本一致。老師很滿意，期待著開始教孩子們。

我們不明白，孩子們當時非常激動，他們排著隊像舉旗子一樣把字板舉起來歡呼雀躍。這是爲什麼呢？

一天，我意外地看到一個小男孩獨自一人邊走邊重複說著：「sofia這個詞，需要一個s、一個o、一個f、一個i、一個a。」他在重複單詞的發音。小男孩在學習，分析他頭腦裡的詞彙，尋找詞彙的拼音。他懷著濃厚的興趣去發現，這樣才明白每一個聲音都有一個相對應的字母。是的，如果沒有一個符號與一個聲音相對應，怎麼可能是字母文字呢？語言原本是口語，書寫語言只是對口語的文字翻譯。字母文字重要的進步都表現在兩種語言形式並行發展中的交會點上。一種文字語言最初由一個字母接一個字母組成，就像潺潺滴水匯成江河一般，最終形成了詞彙和文章。

它就像一把鑰匙、一個祕密，一旦發現就能使人增加財富。它讓人透過手掌握了一種像口語語言似的、近乎潛意識的能動工作，並且創造出另一種表現了語言所有特點的語言。只要想得到，就能用手做得到。

於是，人透過手在推動，將潺潺滴水聚成湍流之水。所有的文字語言就可以激湧而出，因爲江河和湍流都是由滴水匯成的。

確立了字母，文字語言就應運而生了，這是自然的結果。但是，手需要知道如何去畫這些符號。字母只是簡單的符號且不象形，因此是非常容易書寫的。然而，我之前卻沒有思考過這些事情，直到在「兒童之家」發生了一件重大的事情。

有一天，一個小男孩開始寫字了。他興奮至極地高聲叫起來：「我學會寫字了，我學會寫字了！」幾個孩子興致勃勃地圍過來，看那個同學在地上用粉筆寫的字。「我也會寫，我也會寫。」另外幾個孩子也叫起來，然後就跑開了。他們去找寫字的粉筆，一些孩子圍在黑板前，另外一些孩子趴在地上，他們都立即開始寫字。那種持續不斷的活動眞的就像一湍激流。孩子們到處寫字，在門上、牆上，甚至在麵包上。他們大約都在四歲左右。發現寫字的能力是一件突如其來的事。老師對我說：「這個小男孩昨天三點開始學寫字了。」

我們在這種奇蹟的事實面前被深深打動。然而，當我們把書給孩子們看的時候（很多人看到我們的成功，於是送給我們一些很好看的書），書卻受到了冷落。書中雖然有漂亮的插圖，但是卻分散了孩子們專注寫字的注意力。或許，孩子們以前從來沒有看過書，而且很長時間裡我們也試圖引起孩子們對讀書的興趣，但是卻怎麼也無法讓孩子們理解什麼是閱讀。因此，我們把書放在一邊，等待著最佳時機。另外，孩子們也不讀手寫的字，我們很少見到一個孩子去讀另一個孩子寫的字，或許是因爲讀不懂那些字。當我高聲朗讀他們寫的字時，很多孩子驚訝地看著我，好像在說：「你是怎麼知道的？」

大約過了六個月，孩子們才開始明白什麼是閱讀，而且是與寫字聯繫在一起的。孩子們要用眼睛看著我在白紙上一筆筆地寫字，讓他們想到我在像說話一樣傳遞我的思想。一旦他們有了明確的認識，他們就會抓起我寫的紙，拿到角落裡開始閱讀。但是，他們只是在心裡默讀，並沒有發出聲音。之後從他們在緊張之後綻放出笑容的小臉上看出他們已經讀懂了。這就像發條暗暗鬆開後給了一個小小的彈力，他們便開始自己動了起來，因爲我的每一句話都是一個「命令」，文字如同我在說話一般：「打開窗子」、「到我前面來」等等。孩子們就是這樣開始了閱讀，直到能夠讀懂表示複雜行動的長句子。我感到，兒童把文字語言簡單地看作另一種表達方式，是口語語言的另一種形式，也是一種人與人之間直接交流的語言。

因此，當有人來訪時，很多孩子已經不再像過去那樣喋喋不休地說話表示歡迎和問候，而是默默地站起來，走到黑板前，寫出「請坐，感謝來訪」等字。

有一次，我們講到發生在西西里島的災難，一場大地震摧毀了整個墨西拿城，有幾十萬人受災。一個約五歲的小男孩站起來，走到黑板前開始寫：「我很難過……」我們看著他寫字，以爲他想表達對災難的悲慟。但是他寫了：「我很難過，因爲我是小孩子。」多麼奇怪的想法。他後面繼續寫道：「如果我是大人，我會去幫助。」他做了一個小短文，同時表達了他的善心，而這個孩子的母親靠在街上賣草藥養活他。

不久之後，發生了一件意想不到的事。那時我們在整理一些教材，準備教孩子們印刷體字母，而且還想再次嘗試一下教他們讀書，但是孩子們已經開始讀學校裡能找到的印刷品，其中有些印刷字很難讀，比如日曆上印刷的歌德字體。孩子們的母親也來學校裡講，孩子們在街上停下來讀商店的標牌，和他們一起散步都不可能了。很明顯，孩子們是對辨認字母感興趣，而不是開始就想知道那些字。只有他們看到不同的文字並想去了解它，才能最終知道其中的涵義。這是一種直覺上的努力，這就如同成人長期研究刻在岩石上的史前文字，直到從研究中產生直覺，進而才能證明已經破譯了那些未知符號。它就是兒童身上出現這種熱情的原因。

如果我們過於著急講解印刷體的字母，可能會扼煞兒童的興趣和直覺。另外，不合時宜地堅持讓兒童閱讀書上的文字，也只會幫倒忙，其目的性不僅不重要，反而還會抑制兒童活躍的思想。因此，書在櫥櫃裡被擱置了很長時間。只是到後來，孩子們才開始接觸書，而且是從一件有趣的事情開始的。一天，有一個小男孩到學校時顯得特別興奮，他手裡攥著一張破紙片，悄悄地對他的一個同學說：「你猜猜這張紙上有什麼……」「什麼也沒有，就是一張破紙片。」「不，有一個故事。」「有故事在裡面嗎？」這個小男孩引起其他孩子的好奇和圍觀。這張紙是他從一堆垃圾中撿到的，他開始讀起來，讀了一個故事。

就這樣，孩子們懂得了讀書的意義。從此以後，可以說孩子們都搶著看書，而且有很多孩子覺得故事有趣，便會把那一頁撕下來帶走。書遭殃了！孩子們發現書的價值令人感嘆。平時正常的秩序被打亂了，孩子們善意地破壞了書，因而需要規範他們急不可待的小手。另外，為了能讓孩子們眞正讀書和喜愛書，我們還糾正了他們的拼寫錯誤，此外，他們寫的字非常好看，甚至可以媲美小學三年級的學生。

第二十七章　身體健康的對比

在整個這段時間裡，我們沒有做任何改善孩子們身體狀況的事。然而，從他們紅潤的小臉和活潑的表情上看，如今已沒有人再把他們當作營養不良和瘦小無力、需要緊急進行營養和補藥治療的孩子們了。他們身體健康，就好像曬了日光浴，呼吸了新鮮的空氣一樣。

事實上，如果心理壓抑的因素影響了新陳代謝，降低了人的活力，那麼相反作用下也應產生影響，即心理激勵的因素可以促進新陳代謝和所有身體機能的發展。學校的工作就是證明。今天，人們對能動力這門學問已經有了研究，我們所做的事情現在已經不會再給人留下深刻的印象，但是當時的確引起了極大的轟動。

人們都說是「奇蹟」，有關那些可愛兒童的消息不脛而走，新聞媒體備加稱讚。人們寫了介紹那些兒童的書籍，小說作者也從中受到了啓發，在作品中準確描寫了他們的所見所聞，彷彿展現了一個未知的世界。人們認爲是人類靈魂的發現，是奇蹟，他們還引述了孩子們的對話。最近出版的一本名爲《新兒童》的英文書，也談到了那些孩子們。很多人遠道來訪，有些人甚至來自美洲，目的是考察如此出人意料的情況。我們學校裡的孩子們都可以重複我們開學典禮那天，即一月六日主顯節，人們在教堂做彌撒時所讀的《聖經》裡的話：

請抬眼看看周圍，所有的人都匯集在你的身邊，在大海的那一邊，更多的人將嚮往著你。

第二十八章　結果

我簡短描述的這些事實和感受讓人對「方法」問題感到困惑，不明白是用什麼方法獲得的那些結果。

問題就在於此。

人們看不到方法，「能看到的只有兒童。」人們能看到兒童的心靈擺脫了各種羈絆，按照他們的天性得到表現。我們感覺到，兒童從本質而言有屬於自己的生活，就像鳥兒有絢麗的色彩，花兒有飄散的芳香，因而它並不是某種「教育方法」的結果。但是顯而易見，兒童自然的行爲表現可以受到教育工作的影響，而教育的目的應該是爲了保護和扶植兒童，幫助兒童的成長。

花的色彩和芳香是自然的，但人也可以在種植時影響到它，使它改變某些特點或強制突顯大自然賦予它原本的特色。

今天，「兒童之家」裡出現的現象就是兒童自然的心理特徵。然而，它並不是植物性生活的自然表象，因爲心理生活具有多變性，其本身的特徵甚至可以由於環境條件不適合而消失，並且被其他特徵所替代。因此，在開始實施教育之前，必須創造各種適宜的環境條件，以使隱含的正常特徵得到表現。爲了達到這個目的，僅僅「消除障礙」就夠了，而且它應該是奠定教育的基礎和第一步。

因此，問題並不在於現有特徵的表現，而是要先發現自然本質，在此之後再促進正常特徵的表現。

如果要探究一下最初或許出於偶然創造的，但的確促使正常特徵得到表現的條件，那麼有幾個條件是至關重要的。

其一是爲兒童提供了輕鬆的環境，使他們無拘無束。尤其是對於那些來自窮人家的孩子，環境更是令人愉快的，潔白整潔的房間，嶄新的桌子，專門爲他們製作的小凳子和小椅子以及陽光明媚的庭院和小塊的草坪。

其二是成人的「被動」特點。孩子的父母都是文盲，老師原來是工人，沒有抱負和先入之見。這種情況可以被看作是一種「理智冷靜」。

教育者保持「冷靜」一貫爲人們所認同。然而，這種冷靜被看作是一種受神經支配的性格。我們這裡所講的「冷靜」具有更深的涵義，是一種空白，或者更準確地說，一種空泛思想和清澈內心的狀態。是「精神謙卑」結合理性純潔，旨在理解兒童，因此它應該是教師最基本的心理準備。

另一重要的條件是，爲兒童提供了適合和吸引他們並經過改良的科學教學用具，對他們進行感觀的培養；另外還教授了諸如如何聯繫等方法，使他們能夠進行分析和準確的活動，並且促使他們集中精力，而那種透過口頭講授，從外部要求兒童集中精力的方法是無法做到的。

因此，適宜的環境、謙卑的教師和科學的教學用具是三個重要的外部條件。現在，我們來論述一下兒童的幾個表現。

最突出的表現反映在使兒童集中精力的活動上，即一種讓兒童在智慧的引導下對任何外界物體進行工作的練習上，它就好像用魔杖一樣，輕輕一點便能打開發揮兒童正常特點的大門。於是，某些明顯帶有內在動機的心理特點，如「重複練習」、對物品的「自由選擇」，也就自然而然地展現出來。這時的兒童表現出喜悅，不知倦怠，因爲活動就如同心理的新陳代謝，它與生命也就是兒童的成長緊密相連。兒童已經用選擇去指導一切，他熱情地回應某些考驗，比如安靜的要求；他樂於接受某種教育，使他們獲得正義和尊嚴；他迫切地要得到促進智力發展的手段。同時，兒童拒絕了其他東西：獎勵、糖果、玩具等等。另外，兒童還向我們表明，秩序和紀律是他們內在的需要和活力的表現。就因爲是一個朝氣蓬勃、天眞坦誠、身心快樂、歡蹦亂跳的兒童，所以當他高興時，他呼喊、鼓掌、奔跑、高聲問候、熱情感謝、呼喚並跟隨在大人的後面表示感激，他接近所有的人，愛好所有事物，適應一切。

在此我們選擇一些兒童所選擇的東西，我們從兒童自發的表現出發，列出一個單子，其中我們也能注意到，兒童爲避免浪費時間所拒絕的東西。

(1)個人選擇的活動

重複練習

自由選擇
控制錯誤
行動分析
安靜練習
接觸社會中好的行爲方式
環境秩序
注意個人整潔
感官教育
閱讀之外的書寫
閱讀之前的書寫
無書閱讀
自由活動中的紀律

(2)他拒絕的東西
取消獎勵和懲罰
取消識字課本

取消團體課①
取消教學計畫和考試
取消玩具和糖果
取消教師的講臺

毫無疑問，從這個單子可以勾畫出一種教育方法。總之，建立教育方法的一些實際和積極的，而且是實驗性的方針來自於兒童，他們做出的選擇是我們建立教育方法的指南，而且他們在控制錯誤之中彰顯生命的活力。

特別值得一提的是，在總結了長期實踐經驗之後，我們所建立的眞正的教育方法完整地保留了最初探究出的方針。這使我們聯想到脊椎的胚胎，他最初是一條線，被稱作雛形線，是一個幾乎沒有物質的圖像逐漸演變成爲脊椎。如果再仔細分析比較，可以把他分成三個部分：頭部、胸部和腹部。其中有很多特殊的點按次序排列，漸漸形成並固化爲脊椎。同樣，我們教育方法的雛形也包括了所有內容，也有一條主線，其中包括三個突出的要素：環

① 這並不意味著在「兒童之家」沒有團體課，這種團體課並不是唯一和主要的授課形式，而是特殊科目和活動的一種方式。

境、教師和教學用具，另外還有像脊椎一樣許多漸漸形成的特點。

我們或許應該有興趣一步步地追蹤這種教育方法建立的過程，可以說它是人類社會第一個由兒童引導的工程；或許應該有興趣了解那些原則的演變，因爲它最初被人們認爲是意想之外的發現。我們可以用「演變」一詞界定這種特殊教育方法的後續發展，這些新特點應歸功於藉助外部環境成長的生命體。然而這種外部環境是完全特殊的，因爲它雖然是由成人創造的，但卻能夠對兒童成長過程中所表現的新情況做出積極和生動的回應。

這種教育方法得到飛速的傳播，在各種社會階層和種族的兒童學校裡被廣泛嘗試，因而擴展了經驗，讓我們找到了共同點和普遍趨勢，因此可以說，教育有其作爲根基的「自然規律」。

非常值得一提的是，在第一個「兒童之家」之後相繼建立的學校，仍然延續了過去同樣的做法，即等待兒童自發的表現，因爲當時還沒有確定一套成型的外部教育方法。

一個重要的事例是最初在羅馬建立的一個「兒童之家」。與第一個「兒童之家」相比，它的情況更爲特殊，因爲學校裡的兒童都是歷史上最大的災難之一，墨西拿大地震倖存的孤兒，共有六十多個，他們是從廢墟中被救出來的一小部分。沒有人知道他們的姓名和家庭所處的社會地位。一場可怕的災難把他們變成幾乎一個樣子：痛苦、沉默、憂鬱，很難讓他們吃飯和睡覺，夜晚經常聽到他們哭喊。人們爲他們提供了舒適的環境，而且義大利王后爲照顧他們也慷慨解囊。人們製作的小家具色彩明亮，另外還有帶門的小櫥櫃、彩色的窗簾；有非常低矮和色澤鮮豔的小圓桌，還有高一點亮亮的方桌、小凳子和小椅子。給兒童提供的可愛的餐具有：小盤子、小刀叉、小塊的餐巾，甚至香皀和毛巾都適合他們的小手使用。

四周環境完全得到精心的布置，牆上掛著畫，到處是插滿鮮花的花瓶。這所學校在一座佛朗切斯科教派的修女修道院裡，有開闊的花園、寬敞的甬道和精心培育的花卉，還有金魚池，鴿子……就是在這樣一個環境裡，修女們平時身著潔白的長袍、頭戴莊重的大方巾安靜地活動。

在這裡，修女們教孩子們良好的舉止行爲，照顧他們也越來越悉心細緻。在教會裡有許多修女出身貴族，她們仍然信守著上流社會最嚴格的規矩，保留著她們過去的老習慣。看上去，孩子們對這些講究的規矩和習慣樂於追求。他們學會了如何像王子一樣在餐桌前正襟危坐，學會了如何像高級侍者一樣爲用餐者服務。餐食已經不再吸引孩子們，吸引孩子們的是吃飯時準確的舉止，張弛有度的行爲能力以及不斷得到充實的新知識。漸漸地孩子們有了胃口和安穩的睡眠。孩子們的變化給我們留下了深刻印象，他們活蹦亂跳地把東西搬到花園裡，把房間裡的家具搬到空曠的樹蔭下，不會打碎東西，也不會發生碰撞，臉上綻放出興奮和快樂。

這裡有人第一次對兒童使用了「皈依」這個詞。當時一位義大利最著名的作家說道：「這些孩子讓我想到了信仰皈依的人。世界上沒有一種皈依比超越傷感和壓抑，讓生命得到昇華的皈依更奇妙的了。」

這種觀念給所有人看似難以解釋和難以忘懷的現象賦予了精神上的涵義，令很多人感動，儘管用詞不一定準確，因爲皈依的涵義似乎與兒童純眞的本性存在著矛盾，但是它卻意味著一種精神的改變，使兒童擺脫了被拋棄的痛苦，得到了新生，奔向歡樂的生活。

痛苦和罪過是失去生命活力的兩個制約條件，從這個角度出發找回生命的活力意味著皈依。於是，痛苦和罪過一起消失，取而代之的是快樂和心靈的純潔。

如此情況也同樣發生在我們學校的孩子們身上，重生的歡樂取代了痛苦，許多令人擔憂和遲遲不去的缺點消失了。但是還有另外一點，被人們普遍認爲是優點的一些表現也消失了。這是兒童給人們的警示。人們所有的東西都錯了，需要全部重來。而重新開始只有一個方法，就是返回到創造力唯一的源頭。如果沒有我們學校裡這些來自非正常情況的兒童如此複雜的表現，人們也就不可能區別兒童眞正的優點和缺點，因爲成人已經設定了自己的判別標準，只要兒童適應成人生活的條件，成人則判定爲兒童的優點，相反則是缺點。因此，出於這種不符合實際的判斷，兒童逐漸失去了天性。在成人的世界裡，兒童成爲一個迷失者，一個陌生人，不論好與壞，同樣都會把他們埋沒。

第二十九章　條件優越的兒童

另一類屬於優越社會階層的兒童是那些富家子弟。與第一個「兒童之家」裡窮人家的孩子或墨西拿地震倖存的孤兒相比，他們看上去似乎更容易得到教育。那麼，他們的皈依到底在哪裡呢？富家的兒童的確條件優越，他們獲得了周圍社會最精心的照顧。我在這裡引用我一本書中的幾段文字來說明問題，其中我們在歐洲和美洲學校的教師簡單講述了她們最初所遇到的困難。

適宜兒童的優美環境，到處盛開的鮮花，並不能吸引富人家的孩子；花園的叢蔭小路對他們沒有誘惑力；兒童和教學用具之間也無法建立聯繫。

這些兒童並不像老師期望的那樣迫切地選擇自己需要的東西，因此教師感到不知所措。

在我們的學校裡，如果是窮人家的孩子，這種情況總是會在第一時間發生。但是如果是富人家的孩子，由於他們已經見過最稀奇的東西，玩膩了最漂亮的玩具，很少見到他們對這些東西的刺激做出回應。一位美國教師G小姐從華盛頓寫信給我，她說：「孩子們喜歡爭搶東西，如果我要拿一樣東西給某一個學生，其他同學就會扔掉手上的東西，亂哄哄毫無目的地圍攏過來。當我講解完一件物品時，所有的孩子都去抓去搶，要占爲己有。孩子們對教學用具沒有絲毫興趣，他們拿一件丟一件，沒有一件東西讓他們專注。一個小男孩一點也坐不住，哪怕是用手指轉動一下其中一件東西的片刻時間都難讓他停下來。很多情況下，孩子們的行動漫無目的，他們在教室裡亂跑，沒有確定的目標，而且跑起來也不會顧及周圍的物體，所以經常被桌子絆倒，撞翻椅子，踩到教學用具上。有幾次，他們在一個地方做事，突然又跑向另一個地方，去拿另外一樣東西，之後又隨意地丟掉。」

D小姐從巴黎寫信，她說：

我得承認，我的經驗眞是令人灰心喪氣。孩子們集中精力在一件事上只有片刻時間，沒有毅力，也從不主動。有時他們就像一群羊似的，到處跟來跟去。如果有一個孩子拿起一樣東西，其他孩子都想要拿同樣的東西，有時甚至在地上打滾，推翻椅子。

羅馬有一家富家子弟學校爲我們做了如下簡短的描述：「最令人擔心的是紀律問題。孩子們在工作時顯得亂糟糟的，而且不聽指揮。」

下面是有關兒童開始遵守紀律的一些敘述。

G小姐從華盛頓來信這樣寫道：

那塊雜亂無章的星雲（指不守紀律的孩子們）開始最終成形。孩子們好像開始明確了方向，對玩具等過去許多最初不屑一顧的東西又開始產生了興趣，而且由於興趣所致，他們開始以獨立的個人進行活動，完全個體化。在這種情況下，一個孩子如果關注某一件東西，他絕不會再去想另一樣東西，而且孩子們都有各自所關心的東西。

孩子發現了某種東西，某一種特殊的東西，而且自發產生了強烈的興趣，我們的努力也因而取得了最終的勝利。有時，孩子的這種熱情突然間以神奇的速度不期而至。有一次，我用差不多整套的色板想激起一個孩子的興趣，但卻沒有點燃他一點點注意力的火花。之後我有一次偶然給他拿出兩塊紅色和藍色的色板，讓他注意兩塊色板的差別，他急切地馬上抓過去，在一節課上他就掌握了五種顏色。以後幾天裡，他拿出所有他以前不屑一顧的色板，漸漸對所有色板產生了興趣。

有一個男孩集中注意力最初只能持續很短時間，但是自從他對最複雜的所謂長度尺的教學用具發生興趣後，便澈底走出了混沌。他連續玩了一個星期，而且還學會了數數和簡單的加法。之後他又返回來玩簡單的東西：拼插的玩具、小圓柱，他開始對所有的拼插式玩具產生了興趣。

兒童一旦找到了他們感興趣的東西，混亂的情況立即就消失了，他們飄忽不定的心思也穩定了下來。

這位教師還講到了一段兒童個性崛起的故事。

有一對姐妹，小的三歲，大的五歲。那個三歲的小女孩過去沒有自己的個性，什麼事都跟著學她的姐姐。她的姐姐有一隻藍色的鉛筆，她就要有一隻同樣的鉛筆，否則就不高興；她的姐姐吃麵包和奶油時，她也只吃麵包和奶油，諸此等等。這個小女孩在學校裡對什麼事情都不感興趣，只會到處跟著她的姐姐，姐姐做什麼，她也做什麼。突然有一天，小女孩開始對粉紅色的積木發生了興趣，她興趣極高，搭起了城堡，而且做了多次，完全忘記了她的姐姐。她的姐姐感到非常驚訝，叫住她說：「爲什麼我在塡圈圈，你在搭城堡？」從那天開始，小女孩找到了自己的個性並開始自己做自己的事，不再僅僅是她姐姐的影子。

D小姐還談到一個四歲的小女孩。那個小女孩以前哪怕是拿著半杯水也會把水灑出來，她知道自己做不來，所以盡可能躲著不去做。但是，她對另一種物品的練習有興趣。練習成功之後，她拿水杯再也沒有困難了。她的幾個同伴在畫水彩畫時，她非常渴望能爲他們送水杯，而且一滴也不會灑出來。

一位來自澳洲的教師B小姐向我們講了另外一個非常特別的事。她的學校裡有一個小女孩，還不太會說話，只能發一些模糊不清的聲音。她的父母甚至帶她看過醫生，檢查她是否發育正常。一天，那個小女孩對積木有了興趣，她用了很長時間不斷把那些圓柱形積木從槽裡抽出來再插進去。她興致勃勃重複了多次之後，便跑到老師面前說：「妳來看呀。」

D小姐還談到：

在耶誕節假期結束回到學校後，教室裡發生了很大變化。好像不需要我做什麼，教室裡就變得秩序井然。孩子們似乎完全在忙自己手上的事，再也不像以前那樣亂烘烘的了。他們自己到櫥櫃裡選擇物品，而以前他們似乎非常厭煩它們。教室裡有了一種工作的氣氛。以前孩子們只是一時興起去拿東西，如今他們已經自己感覺到需要有一定的規矩，一種個人內在的規矩。他們全力把精力集中在需要準確和系統性的工作上，克服困難後覺得非常滿足。這種可貴的努力在他們的性格上產生了立竿見影的效果。他們成爲自己的主人。

有一件事讓D小姐印象深刻。一個四歲半的小男孩想像力特別豐富。給他的每一件物品，他不是去觀察物體的形狀，而總是要把它擬人化，還比作自己，而且不停地說，注意力也根本無法集中在物體上。由於他的心思不定，所以任何準確性的動作他都做不到，比如扣鈕扣這樣的事情。但是突然之間在他身上開始發生了神奇的事情。D小姐說：「我驚訝地看到他的變化，他開始喜歡某一種練習，然後是其他所有練習，他因此安靜了下來。」

這些在確立明確的教學方法之前，那些辦學教師過去描述的事情其實具有普遍性和一致性。類似的事情和類似、但相對較輕的問題，幾乎同樣發生在那些幸福快樂的兒童身上，儘管照顧他們的家人明事理和有愛心，仍然存在著我們所說的物質生活豐富、但同時精神生活貧乏的問題。它爲我們說明了爲什麼耶穌在山頂上講的話能夠在所有人心中引起共鳴：

「祝福卑微的人，祝福悲傷的人。」

所有的人都被召喚，所有的人都可以蒙福，克服自身的困難；因此，所謂「皈依」的現象就是兒童的某種特徵。這是一種快速的變化，有時會瞬間發生，但都出自同一個原因。沒有一個皈依的事例不是那種有趣且能夠集中精力的活動，而且各種各樣的皈依都是這樣發生的，好說好動的兒童安靜下來，精神壓抑的孩子活躍起來。所有的兒童工作和守紀律，在同樣的道路上並肩前進。他們找到了釋放的方法，最終發揮了某種內在的能力，自身不斷地取得進步。

這種變化帶有爆發式的特點，事實在突然之間確立並預示著未來的發展方向。這就如同終有一天兒童會長出第一顆牙齒，終有一天會邁出第一步。第一顆牙齒長出時，其他所有的牙齒也將出現；第一句話說出時，語言開始了發展；第一步邁出時，兒童最終確定了行走。因此，在發生變化之前，兒童的發展是停頓的，或者更準確地說，他們走了一條錯誤的道路，包括「所有的兒童——」，所有社會階層的兒童。

從此以後，我們的學校在世界各地和在各民族中被廣泛推廣，這說明兒童的皈依在整個人類社會中具有普遍性。人們可以仔細研究一下，兒童有很多的個性特點消失，並且總是在同樣一種生活狀況中被替代。因此，在原本的生命中，在幼小的兒童身上，經常會造成錯誤，進而改變了人自然的心理特徵，成爲多種多樣「偏離」的根源。

兒童皈依過程中一個獨特的事實是心理治癒，即回歸到「正常狀態」。那個智力早熟的神奇兒童；那個超越自己和痛苦，找到生命的力量和心境平和的孩子；那個喜歡活動，使生活條理井然的富家子弟，他們都是「正常的兒童」。普遍的實踐經驗證明，那種不過是出人意料的表象，但被稱作皈依的事實，應該被看作是一種「正常化」，因爲在人身上有一種隱含的本性，它是一種被埋沒和鮮爲人知的本性，但它終究是一種本性，是創造性的本性，這就是健康。

儘管如此，這種解釋並不能抹煞皈依的特徵，或許成人也可以回歸，但是這種簡單回歸人類本性的改變卻很難讓人看到。

與之相反，正常的心理特徵在兒童身上很容易顯現，那時所有習慣導致的偏離狀況都將一併消失，如同人恢復健康後，所有的病症也就不復存在。

用這種理解去觀察兒童，我們可以更容易看到更多兒童正常本性的自然表露。即使周圍環境條件較差，而且儘管天性的表露不被認同，得不到幫助，受到壓制，但是兒童身上充滿著活力，他們還會回來，在各種障礙之間創造發揮的空間，努力占據主動。

可以說，兒童正常的活力教誨我們如何寬容，正如耶穌所說：「你們不應該只原諒七次，而是七十個七次。」

兒童的本性深處願意寬容，面對成人的壓抑，他們的本性始終在反覆地展露。這種情況並不是兒童生活中的偶然事件，因爲它壓抑並埋沒了兒童正常的特徵，所以它是兒童面對持續壓抑的不斷抗爭。

第三十章　教師的精神準備

如果教師想僅僅透過掌握基本知識和研究就可以作好當教師的準備，那他一定是錯的。應該首先從精神層面給教師提出準確的要求。問題的關鍵是應該如何觀察兒童，而不應該僅僅侷限在涉及教育方法和兒童教育理論知識等問題的外在分析上。

我們強調，教師應該做好內在的心理準備，經常系統性地研究自己，最終克服自身最頑固的缺點，因爲這些缺點妨礙了教師與兒童之間的關係。爲了發現這些隱藏在思想意識中的缺點，我們需要外部的幫助，得到某種「指導」，必須有人爲我們說明我們應該看到哪些內在的東西。

基於這種考慮，我們要說，教師應該是這方面的「專家」。教師太過分計較「兒童的偏執」，「糾正兒童的錯誤」，「秉承原罪的說法」。相反地，教師應該著手研究自身的缺點和壞習氣。

「你首先要改掉自己障眼的缺點，才知道如何拭去兒童身上的瑕疵。」

教師內在心理的準備只不過是常規意義上的，它與宗教人士追求「達之入於無疵」的理解截然不同。身爲一個教育者，不必要求「完美無瑕」。一個始終追求提高靈魂修養的人可能會忽視某些缺點，阻礙他去理解兒童。因此，需要有人教導我們，我們也要讓他人指導。如果我們想去教育他人，我們首先應該被他人教育。

我們給教師的指導，是向他們說明什麼是教師工作中最適宜的精神狀態，就像醫生告訴病人是什麼病在折磨著他的身體。

在此一個行之有效的告誡就是：「發怒是妨礙我們理解兒童的致命錯誤。」一種錯誤往往不是孤立的，它肯定還附帶著其他錯誤，發怒的同時就摻雜著另一種錯誤：傲慢，它表面看上去似乎是潔身自好，但實際上卻像惡魔一般。

改正我們的壞習氣有兩種辦法：一個是內在的，即與自身明顯可見的錯誤進行對抗；另一個是外在的，即抑制我們壞習氣的外在表現。外在形式的反應非常重要，因爲一旦發現心理上的缺點，便可以引發我們思考。聽取旁人的意見可以戰勝自傲自大；隨遇而安可以抑制貪婪；意志堅強可以克制憤怒；需要爲生存而工作可以打消成見；社會規範可以約束淫慾；獲取多餘之物的困難可以遏制揮霍；追求個人尊嚴可以消除嫉妒心理。所有這些外界環境都在持續不斷地給我們提出有益的忠告，社會關係的形態有助於我們保持心理的平衡。

儘管如此，我們卻不會像完全服從上帝那樣，屈從於社會的壓力。我們在心理上比較容易接受並自願改正我們所認識到的錯誤，但我們卻很難接受來自他人的教訓，會覺得是一種恥辱。聽從別人教訓比自己犯錯誤更讓我們感到羞恥。當我們不得不糾正我們的行爲時，我們卻總在試圖維護自己世俗的尊嚴，把自己僞裝成爲別無選擇。一種最常見的小小僞裝就是，當我們不能得到時會說「我不喜歡」。我們在抵抗，但卻用這種小小的僞裝進行抵制，而不是完善自我。由於在抵抗中，人們需要組織起來，因此個人的事業在集體的抵抗中得到加強。那些有同樣缺點的人本能地在相互支持，尋求聯合的力量。

我們往往用責任高尚和不容推辭作爲藉口來掩飾我們的缺點，就好像在戰爭期間，殺傷性的機器和武器在戰場上被僞裝起來。促使我們糾正缺點的外界力量越是薄弱，我們就越容易用僞裝來保護自己。

當我們由於自身的缺點遭到批評時，顯然消極的東西很容易蒙蔽我們的視線。我們實際上並不是保護我們自己，而是在保護我們的錯誤，隨時準備用所謂「需要」、「義務」等僞裝來保護錯誤。漸漸地，我們相信並把過去意識思想中的謬誤當作一種眞理，而且越來越難以糾正。

教師以及所有希望從事兒童教育的人，必須改正他們對兒童的各種錯誤立場。最根本的缺點由傲慢和發怒組成，它總是要占據教師的意識思想，而教師卻完全沒有辦法加以抵抗。兩者之中，發怒是最主要的缺點，傲慢則給發怒配上了一個迷人的面具，一件自尊的外衣，甚至要求得到他人的尊重。

發怒是最容易受到旁人牴觸的缺點之一。因此，需要克制怒火，而且誰能夠心懷謙卑地壓制怒火，最終就會爲自己的怒火感到羞愧。

這樣做實際上並不難，是非常簡單清楚的事，因爲我們所面對的是兒童，他們不能自我保護，難以理解我們，他們接受人們所說的任何事情。兒童不僅承受了傷害，甚至感到我們在指責他們時，他們都是錯的。

教育者應該深刻地思考一下，這種情況在兒童生活中所造成的後果。兒童不可能靠理性明白這種不公正，但是他們在精神上能夠感覺到，因而變得壓抑和扭曲。兒童的反應，諸如羞怯、說謊、任性、無理的哭鬧、失眠、過度的恐懼，都代表著兒童自我保護的一種潛意識狀態，因爲兒童的理智無法讓他們判斷在與成人的關係中眞正存在的原因。

發怒並不意味著有形的粗暴行爲。最初粗放式的衝動派衍生了許多其他形式，人們受微妙的心理作用，在僞裝和掩飾自己的狀態。

發怒是對兒童抗拒所做出的一種形式最簡單的反應，面對兒童內在心靈的表現，發怒又與傲慢的心理融合在一起，共同形成一種複雜的狀態，演化爲一種明確可以用專制一詞來界定的形式。

專制不容置疑，公認的專制統治者置身於堅不可摧的城堡中。成人憑藉公認和非他莫屬的自然權力統治著兒童。質疑這種權力意味著攻擊歷來明確而且是合法的主權。如果說在早期的社會群體中，專制者是上帝的代表，那麼對於兒童來說，成人就是神聖的，而神聖是不容置疑的。誰如果不服從，也就是說，如果兒童不服從，那他必須保持沉默，並且要適應一切。

如果兒童表現出某種反抗，很難說這是對成人行爲直接和有意識的回答。兒童的反抗更多的是一種能動性的整體心理防衛或是一種被壓抑心理的潛意識反應。

隨著年齡的增長，兒童將學會對專制者直接反應的方法，而成人將會用更複雜和迂迴的方式與兒童互動，征服兒童並讓兒童信服專制是爲了他們好。

成人一方面要求得到尊敬，另一方面又擁有「侵犯」的合法權力。成人有權評判和「侵犯」兒童。成人可以按照好惡引導或壓制兒童的需求，兒童的反抗可以被成人評判爲不聽話、危險和不能容忍的。

早期社會一種統治的模式是臣民繳納賦稅，卻沒有任何申辯的權利，有些民族甚至相信所有的東西都是君主恩賜的。兒童的心理世界也是如此，他們認爲一切都要歸功於成人。這難道不是成人發端的信條嗎？成人擔當了造物主的角色，令人敬畏的傲慢使他們自認爲，他們爲兒童創造了一切，是他們讓兒童變得聰明、乖順和善良，是他們給兒童提供了接觸環境、人和上帝的可能。多麼難的事業啊！成人爲了整體形象否認專制。是啊，難道會有哪個專制者承認傷害了自己的子民嗎？

我們的教育方法要求教師在做準備時自己檢查，放棄專制。教師要發自內心地摒棄發怒和傲慢的心理，應該知道謙卑和心懷仁愛。這些就是教師在精神上應該做到的準備，它是衡量自己的重要基礎和心理平衡不可缺少的支點。同時它也是教師內心準備的起點和終點。

但是在另一方面，這些並不意味著教師應該放縱兒童的所有舉動，完全放棄對兒童的評判，並且忽視兒童智力和情感的發展。相反地，他們應該始終牢記自己是教師，他們的使命就是教育。

儘管如此，我們作爲教師仍然需要保持謙卑，需要消除掉隱藏在我們心中先入爲主的成見。

對於我們能夠做到的，能夠爲我們從事教育提供幫助的東西，我們不應該壓抑自己的心理。另一方面，我們應該清除妨礙我們理解兒童的心理觀念和自己作爲成人的侷限性。

第三十一章　偏離

觀察兒童正常化過程中有哪些特點消失時，我們會驚訝地發現，幾乎所有被普遍認爲屬於兒童的特點都消失了。其中，不僅有那些被稱爲兒童缺點的部分，而且還有人們評價爲兒童優點的層面。因此，不僅是無秩序、不服從、心猿意馬、貪吃、自私、愛爭吵和任性，而且還有所謂想像力、喜愛聽故事、依賴別人、聽話和遊戲等等，甚至還有經過科學研究被認爲完全屬於兒童的特點，如模仿、好奇、不定性和注意力不集中。這就是說，人們過去所認爲的兒童天性只是表象，它掩蓋了另一種原本固有和正常的本性。這種結論看似離奇，但卻是普遍現象，它並不是什麼新事物，而是自古以來就已經被認識到屬於人的雙重性格，即人發展的性格和人衰退的性格。衰退早已被歸爲某種原發性的錯誤，全人類都因此受到影響，它同時也被認爲是無關緊要的，與其產生的後果相比微不足道。然而，它卻偏離了創造性的精神，偏離了創造的客觀規律。爲此，人就像一條隨波逐流的小船，受偶然性的驅使，對環境障礙和思維幻覺失去了防衛的能力，因此人變得茫然若失。

這個觀念是對生命哲學的概括總結，它可以在兒童展現的行爲中找到明確和富有啓示性的答案。

僅僅是某些小事就足以促使兒童偏離方向。它是一些隱含和細微的東西在潛移默化地影響兒童接受愛和幫助，但它終歸到底是出於成人的盲目性和被粉飾的潛意識裡的自私心理，其強大的力量對兒童極具破壞性。然而，兒童常常能夠重新煥發活力，繼續按照自己不變，而且也是每個人都在遵循的圖譜發展。

如果說正常化是與一種唯一明確的現實，即專注於能夠激發心理並與外部現實有關的活動聯繫在一起，那麼應該能夠想到，所有偏離的根源只有一個因素，即在兒童潛能應該透過「肉化成人」得到發揮的時候，兒童無法實現他們固有的發展圖譜。

只有一個簡單和明確的事實能夠導致如此諸多的後果，這個事實就是兒童尚處在早期的生命時期，人還是一個精神胚胎，是造成整個人心理偏離的唯一和難以察覺的原因。

第三十二章　逃避

可以用「肉化成人」的概念引導我們去理解偏離的本質，因爲心理能力必須透過運動進行肉化的具體體現並構成人的整體個性。如果這種結合不能實現（由於成人替代了兒童或者由於周圍環境中缺少活動的因素），那麼心理能力和運動這兩種形態只能分開發展，由此「人被分裂」。由於在自然狀態下，即無物被創造也無物被消滅的狀態下，一切完全要透過心理能力去實現，這些能力如果作用於自然目的之外，就會偏離地發展下去。偏離首先是因爲心理能力失去了客體，因而行於空洞、模糊和混亂。智慧本應在運動中形成，卻「逃避」在幻想之中。

那種逃避的智慧開始時在尋找，但無法找到，於是便在圖像和符號之間遊蕩。由此，這些活潑的兒童在運動中表現出好動、難以克制、混亂無序和漫無目的，他們的行爲只有開始，卻不能最終完成，他們的能力只會使他們不停地穿行於事物之間。但是，成人在制止這些倔強和躁動的兒童所表現出的混亂和令人生厭的行爲同時，卻又欣賞和鼓勵那種幻想，把它看成兒童的智慧富有想像力和蘊藏著豐富的創造力。眾所周知，福祿貝爾①開發了很多遊戲以促進兒童這種象徵主義的發展。他用積木和小方塊搭成各種樣子，讓兒童想像爲或

① 福祿貝爾〔Friedrich（Wilhelm August）Froebel, 1782-1852〕，德國教育家，幼兒園的創始人和十九世紀最有影響的教育改革家之一。——譯者注

馬或城堡或火車。實際上，兒童的象徵主義促使他們用任何物體進行想像，爲兒童打開了思維幻想的閘門；比如，電鈕是馬，椅子是寶座，鉛筆是飛機。這一獨特的事例讓我們理解其目的是爲了使兒童喜愛玩具，玩具能夠讓兒童切實地進行活動。然而，它卻給兒童帶來了幻覺，而且也只是一些事實不完整和沒有實際作用的形象。

因此，玩具實際代表著一種無益的環境，絲毫不能讓兒童精神集中，而且也沒有任何目的性，它只不過是一種讓思想遊於幻覺的物質載體。兒童的確會馬上圍著玩具開始活動，好似輕輕一吹就可以燃起灰炭下的火苗，但是火苗馬上又熄滅，玩具被丟棄。然而，玩具卻又是成人爲兒童心理成長製作的唯一物品，成人給兒童提供了一種手段，使兒童能夠自由地進行活動。事實上，成人只讓兒童在遊戲時，或更準確地說，在玩玩具時自由地活動，而且成人深信是他們爲兒童創造了幸福的世界。

儘管兒童很容易就厭煩一種玩具，並且經常弄壞玩具，但是成人始終不會改變這種自信，正是基於這種自信，成人在送給兒童玩具上總是非常慷慨大方，而且還養成了習慣。這是兒童時代，在奠基心理生活的時期，世界給人唯一的自由。因此，這些「分裂的」兒童，尤其是在學校裡，也被認爲是最聰明的，但卻不守紀律、沒有規矩。然而，在我們學校的環境裡，我們卻看到他們馬上會集中精力在一種活動上，那種幻想和無秩序的行爲隨即消失了，一個安靜平和的兒童投身於現實，開始在活動中自我發展和完善。正常化因此得到實現。他們的運動器官也馬上脫離了混沌的狀態，最終得到內在心靈的引導，從此成爲獲得智慧的工具，渴望去了解和深入到現實環境之中。這樣，飄忽不定的好奇心理也就轉變爲一種獲取知識的努力。心理分析已經認識到想像和遊戲並非正常表現的問題，並明確地把這些問題歸納爲「心理逃避」。

「逃避於遊戲和想像」。逃避是一種能力的離散、躲避，甚至隱藏，它脫離了原本的位置或代表著對「自我」的潛意識保護，其目的是爲了逃避某種痛苦或危險，並把自己隱藏在面具之下。

第三十三章　心理障礙

在學校裡，教師們注意到，充滿想像力的兒童並不是他們所希望的學習成績最好的學生。相反，他們之中很少人學習優異或者學習根本就不好。儘管如此，卻沒有人想到他們的智力出現了偏離，反而認爲強大的創造性智慧是不拘小節的。心理偏離的兒童最明顯的表現就是「智力弱化」，因爲他們並不能掌握自己的智慧，更不能引導智力的發展。這種情況不僅反映在智慧逃避於幻想世界之中，而且在很多情況下，其表現恰恰相反，智慧或多或少地被壓抑和泯滅，使兒童變得灰心喪氣；也就是說，智慧不僅沒有逃逸，反而形成自我封閉。因此，與得到「正常化」的兒童智力相比，一般兒童的平均智力水準較低。這是心理偏離的結果，它可以用不完全恰當的例子比作骨頭離開原本的位置，形成骨頭脫臼。由此人們可以知道需要透過什麼樣的方法精心照顧兒童，使他們得到正常化。但是，人們在智力教育中卻更常使用直接侵害的方法來糾正兒童無序的錯誤。然而，偏離的智慧不能被強制作用於某種事上，否則必然會遇到；或更準確地說，引起令人關注的心理防衛表現。

它並不是普通心理學所認識的那種防衛，即針對外部行爲的不服從或心猿意馬，而是一種完全失去意志控制的心理保護。它代表著潛意識的活動，拒絕接受外界賦予的想法，因此也不可能去理解這些想法。

心理分析學家把這種現象稱爲「心理障礙」。教師必須了解它的嚴重性。兒童的思想像蒙著一層薄紗，會使他們在心理上變得更加盲目。這種內在心理保護的作用就如同靈魂在潛意識地說：「你們說吧！我不聽；你們重複吧！我聽不到。我現在不能建築自己的世界，因為我正在建築一座城堡，不讓你們進來。」

這種自我保護使兒童採取行動，它慢慢地形成並且持續長久，而且兒童的自然能力似乎也消失殆盡，這種情況已經不是本意好壞的問題。事實上，教師認為那些有心理障礙的學生在某些科目上並不聰明或是天生能力較差，比如說數學或文字拼寫，這些學生根本不可能自己改正拼寫的錯誤。如果心理障礙在許多學習科目上或是整體學習上都有所反映，那麼一些所謂聰明的兒童會被人們與弱智兒童混為一談，而且這些兒童在多次留級之後，最終會被當作弱智兒童。在更多的情況下，心理障礙還不僅僅是令人難以深入其中的問題，它同時還被其他一些外界作用的因素所包圍，心理分析學把它稱作「牴觸」。因此，兒童牴觸某一種紀律，普遍牴觸學習、學校、教師和同學。兒童也不再有愛心和熱情，最終導致他們害怕學校並由此澈底逃避上學。

童年時期形成的心理障礙可以伴隨人的一生，這種情況非常普遍。很多人一生都反感牴觸的一個突出例子是數學，他們不僅不懂數學，而且一聽到數字這個詞就已經在他們內心裡產生了障礙，更不願意接觸，而且還沒有開始接觸就已經感到厭煩。前述情形在語法上也是如此。我認識一個義大利年輕女子，她很聰明，但是就她的年齡和文化水準而言，她的拼寫錯誤實在令人難以理解，而且怎麼糾正她都無濟於事，錯誤好像越來越多，即使讓她閱讀優秀作品也沒有任何效果。然而，有一天我突然看到她寫的義大利文字非常純正。這裡姑且不去細說這件事的經過，但是有一點很明顯，她原本可以做到完全標準的語言表達，但卻有一種隱藏的力量在頑固地阻止她，讓她過去錯誤連篇。

第三十四章　治癒

我們不禁要問，在逃避和心理障礙這兩種偏離現象中，哪一種更具嚴重性。在我們能夠促使兒童正常化的學校裡，我們所說的那種逃避於想像和遊戲的現象是最容易被消除的。可以用比喻來說明：如果某個人因爲找不到他所需要的東西而逃離某處，人們總可以想像去改變環境條件，再次召喚他回來。

事實上，在我們的學校裡經常可以觀察到的現象之一，就是那些混亂無序和暴躁的兒童轉變得很快，似乎是突然間從遙遠的世界返回來了。他們的轉變不僅是外在的表現，由混亂無序變得專心致力於某一種活動，而且還有更深層次的改變，表現得平和及滿足。心理偏離自發地消失了，它是一種自然的轉變，這些偏離如果不在兒童時代就消除，會影響人的一生。很多成人被認爲富有想像力，但實際上他們對環境只有模糊的感覺，而且只停留在感官上。這些所謂有想像力素質的人沒有秩序感，他們對天上的光線、顏色、花草、風景、音樂多愁善感，對生活中的一些事物：比如小說敏感衝動。

但是，他們並不愛光線，甚至不會駐足感受；金星並不能讓他們至少留意一下天文學的知識。他們雖有愛好藝術的傾向，但卻不會創作藝術作品，因爲他們不能進行任何深入的研究。他們通常不知道用手去做什麼，可是又克制不住。他們不會動手，卻又神經質地觸摸東西，很容易弄壞物品，漫不經心地扯掉他們所謂非常欣賞的花朵。他們什麼事也做不來，不能給自己的生活帶來幸福，也找不到世上眞正的詩情畫意。如果沒有人拯救他們，他們將是迷失的人，因爲他們把肌體的脆弱和無能與心理狀態混淆在一起。偏離的心理狀態預伏著眞正的心理疾病，其根源在於生命的早期。此時，封閉自己的道路導致了偏離，而且它在最初，甚至令人難以察覺。

相反地，戰勝心理障礙是比較艱難的，儘管他們還是幼小的兒童。它是在內心築起的屏障，封閉了精神世界並把心靈隱藏起來，防止外部世界的侵入。諱莫至深的悲情隱事在各種多重障礙中不斷展開，而且經常是與所有外部美好的事物和對幸福的追求背道而馳。學習、科學以及數學的奧秘、精妙和不朽的語言、音樂等成爲了「敵人」，並被排斥。一些能力畸形發展，變爲無知和愚昧，妨礙了他們去體會愛和生活。學習讓他們感到疲憊，使他們討厭周圍的世界，而不是促進他們爲將來屬於這個世界做好準備。

莫大的障礙！這個詞給人啓示，使人聯想到在身體健康知識還未曾指導我們如何健康生活之前，就先把自己的身體保護起來。人們避免接受陽光、空氣和水，把自己關在遮蔽陽光的大牆之下，日日夜夜關著窗戶，但不管怎樣，仍會有一絲絲的空氣透入。人們穿著一層又一層厚重的衣服，就像洋蔥的葉子一樣，封閉了皮膚的毛孔，防止接觸淨化的空氣環境。因此，生命的發展受到外界客觀環境的阻礙。而從社會的角度來說，也同樣存在著令人想到並屬於障礙的現象。爲什麼人與人之間相互孤立？爲什麼每個家庭單位自我「封閉」，相對孤立並牴觸其他的家庭單位呢？每個家庭相對孤立並不是爲了自我欣賞，而是爲了脫離其他人。家庭構築的屏障不是爲了保護愛，它是封閉的，無法逾越的，比每個住宅的高牆還要堅固，它區分了社會階層和國家。然而，國家屏障並不是爲了區分一個統一和同質的群體，使這個群體獲得自由和預防危險。對孤立和防範的渴求強化了國家與國家之間的屏障，阻礙了人與人之間的溝通和產品的相互流通。如果文明透過互相交流才能得到發展，這又是爲了什麼呢？或許，屏障對於國家來說，會不會是飽經長期痛苦和遭受強大侵犯所造成的心理現象呢？疊加集合起來的痛苦如此強烈，使屏障變得越來越牢不可破，因而使國家形態變得僵化。

第三十五章　依賴性

有一些聽話的兒童，他們的心理能力不強，難以擺脫成人的影響。所以，他們更多地依賴於試圖替代他們活動的成人，因而完全成爲成人的附屬品。他們無法意識到自己缺乏活力，容易抱怨。這些兒童總是事事都不滿意，總像個小可憐似的，被人們認爲是感覺敏銳和情感豐富。他們總是不明原因地感到煩惱，於是求助於其他人，求助於成人，因爲他們自己無法擺脫壓抑他們的煩惱。他們的生命活力好像取決於其他人，因此他們總是要依賴於某個人。他們要求成人幫助，希望成人與他們一起玩，給他們講故事，爲他們唱歌，始終不離開他們。在這些兒童面前，成人變成了奴隸，一種隱含的相互性暗地裡把成人與兒童聯繫在一起，但從表面上卻讓人以爲他們之間相互理解和互愛。就是這些兒童在不斷地問爲什麼，然而人們仔細觀察會發現，他們並不聽答案，而是繼續不停地提問。貌似對知識的好奇心理，實際上是一種手段，目的是纏住他人，因爲他們需要別人才能維持自己。

他們願意爲別人進行活動，服從任何成人的禁令，因而成人很容易用自己的意志替代兒童的意志，兒童也樂於接受。如此形成了一種巨大的危險，即淪於惰性。這種惰性可稱爲懶散或懶惰。

這種情況成人非常願意接受，因爲它不會妨礙成人自己的活動，但卻是一種極端的心理偏離。

什麼是懶惰？懶惰是精神世界的抑鬱，它如同身體體能的下降，患了重病。在精神領域裡，是生命活力和創造力的下降。天主教認爲懶惰是導致靈魂喪失最致命的罪惡之一。

成人拒絕接受兒童的心靈，替代了兒童。成人沒有意識到，他們在用無益的幫助和暗示吹動兒童的心靈之燈，並最終把它熄滅。

第三十六章　占有慾

在幼小的兒童或正常化的兒童身上存在著引導他們發揮能力和採取行動的衝動。面對外界環境的行爲不是冷冰冰的，而是用愛去體會和充滿活力的。它可以比作饑餓，饑餓推動人去尋找食物。這與邏輯無關，比如人們不會說：「我已經很長時間沒有吃飯了，不吃飯，人就沒力氣，就不能活下去，所以必須找吃的東西，吃掉這些東西。」事實並非如此。饑餓是一種痛苦，難以抑制地推動人去尋找食物。兒童也有這樣的饑餓，饑餓把他們推向周圍環境，讓他們去尋找能夠爲精神提供營養的物質，因此他們透過活動得到營養。

「我們是剛剛出生的孩子，我們熱愛精神的乳汁。」正是這種衝動，即對周圍環境的愛，才眞正體現了人的特性。認爲兒童對環境充滿激情的理解並不準確，因爲激情是一種衝動和暫時性的東西，是出於衝動「積極地投身於某一件事上」。

與之相反，引發兒童熱愛環境的衝動推動著兒童不停地活動，使他們熱情的火焰不斷高漲，如同身體各組織接觸到氧氣在持久地燃燒，而且肌體的自然溫度適宜。一個活潑的兒童給人的感覺是他生活在一個適宜的環境中，也就是說，離開這個環境他就不可能自我實現。如果沒有這樣一個心理生活的環境，兒童的一切都將變得脆弱，心理偏離和封閉，變得難以接近、不可思議、空虛、無能、任性、煩惱、遠離社會。如果兒童無法找到活動的動因，不能促使他們成長發展，那麼兒童只會在表面上看到「物體」並想要「占有」。獲取和占有是簡單的事，而簡單的獲取和占有使智慧之光和愛變得毫無用處，能力也就會轉向其他方向發展。一個兒童看到金錶，雖然不會看時間，也會說：「我想要。」另外一個兒童也會說：「不行，我也要！」他即使占有了金錶，也會隨時把它扔掉，更不會使用它。人們就是這樣在互相爭鬥，並破壞了物品。

幾乎所有的道德偏離都取決於第一次在愛和占有之間進行選擇的結果，不同的選擇會導致兩條截然相反的道路，而且這是一生中都要面對的問題。主觀上，兒童就像章魚的觸鬚一樣緊緊抓住並破壞他們熱衷的東西。他們對物品有占爲己有的強烈感覺，而且就像保護他們自己一樣地保護它們。

那些更強壯和更有活力的兒童在保護他們自己的物品時，甚至可以與其他也想占爲己有的兒童爭鬥起來，他們之間不停地爭吵，因爲他們都想要同樣一件東西，都想要別人的東西，所以他們做出的反應一點也不友好，根本沒有兄弟般的感情，完全是因爲「毫無意義的事情」開始了爭鬥和吵架。但是，他們實際上並不是因爲毫無意義的事，而是因爲一個嚴重的事實：即他們本應具有的本性發生了轉移，被蒙蔽，它是心理能力偏離造成的後果。因此，占有慾與物品本身無關，其原因是兒童內在心理的缺陷。

眾所周知，人們通常用勸誡的方法進行道德教育，告訴兒童不要依賴於外界的東西，其中基本的道理就是教育兒童要尊重他人的財產。但是，當兒童已經走到這一步時，他們已經超越了界限，遠離了應有的心理生活的偉岸，因此，他們希望得到外界的東西。占有慾的萌芽就這樣鑽入兒童的心靈，而人們卻認爲它本來就是人類自然的天性。

即使是那些聽話的兒童也同樣對外界物質的、毫無價值的東西抱有興趣。但是，他們

「占有」的方式不同，他們並不吵鬧，一般情況下也不會爭搶。他們更願意蒐集和隱藏物品，因而人們眞以爲他們喜歡收藏。但是，收藏是另外一回事，它是在具備知識的基礎上對物品進行分類。這裡所講的是兒童蒐集各式各樣的東西，但各種東西之間毫無關係，也不具誘惑力。病理學稱爲一種空泛和無邏輯性的收藏，出於怪癖，是由於心理異常造成的。這種心理異常不僅是精神病人，而且還有那些作惡多端的孩子，他們的口袋裡總是裝滿了各式各樣沒用的小東西。性格懦弱和聽話的兒童也有類似的收藏，但卻被人們認爲是完全正常的。如果有人想拿走他們蒐集的東西，這些孩子也會盡力去保護。

心理學家阿德勒①對此做了有趣的解釋。他把這種表現比作在成人身上發生的吝嗇現象，認爲在兒童時代就已經出現了萌芽。人留戀很多東西，儘管沒有任何用處，也不願意割捨。這種現象是心理嚴重失衡萌生的毒花。父母喜歡他們的子女知道保護私有財產，把它看作是人的本性並認同這種社會關係。因此，那些喜歡保存和蒐集東西的兒童容易被社會視爲是正常的。

---

① 阿德勒（Alfred Adler, 1870-1937），奧地利精神病學家，建立了個體心理學體系，設計了一種靈活的支援性心理治療方法，以指導有自卑感的情緒障礙患者達到成熟，成爲對社會有用的人。——譯者注

第三十七章　支配慾

另一個與占有慾密切相關的心理偏離特點是支配慾。環境的主宰者有一種本能的力量，驅使他們用對環境的愛擁有外部世界。但是，如果這種力量不能用於創造人的個性特徵，而只是爲了攫取和獲得東西，那便是心理偏離。

對於心理偏離的兒童來說，他們面對的成人無所不能，擁有一切。他們感到如果能夠透過成人做事，他們的力量將變得強大。因此，兒童開始利用成人，從成人那裡獲得更多他們力不從心的東西。這種做法完全可以理解，而且最終潛移默化地影響了所有兒童，成爲一種極爲普遍和很難糾正的現實。這是兒童最典型的任性行爲，很合理也很自然，因爲一個軟弱無力和被拘束的人一旦發現這個奇妙的作用，能夠說服總在自己身邊有能力和空閒的人爲他獲得好處，他就會想方設法地獲得。兒童於是這樣進行嘗試，開始希望和奢望得到超出他們自身能力範圍，成人也認爲對兒童比較合理的東西。但是這樣做永無止境，因爲兒童不斷幻想，對於他們來說，成人無所不能，能夠實現他們對眼花繚亂的世界變化無常的夢想。這樣的感覺在描繪兒童內心世界的童話故事裡完全得到了實現。那些故事裡的兒童對他們神祕莫測的渴望感到亢奮，爲之著迷。他們救助仙女就可以得到恩惠、財富，超出人的想像能力。仙女有好壞、美醜，表面上可能是壞人和富人，有的在森林裡，有的在魔幻城堡裡。它就好像是兒童生活在成人中間理想化的影像。年紀大的仙女像奶奶，年輕美貌的像媽媽，有衣衫襤褸的，也有金錦銀衣的，如同貧窮的媽媽和富有的、霓裳華貴的媽媽，她們都一樣寵愛孩子。

可憐和驕傲的成人在兒童面前總是強大的，因此兒童在現實生活中開始利用成人，最終演化爲一種衝突。但是，衝突在開始的時候卻是緩和的，因爲成人爲了讓他的孩子高興願意去做，也樂意讓步。是啊！成人可以阻止兒童自己洗手，但是他卻滿足了兒童占有慾的怪癖。然而，兒童在第一次勝利後，就會爭取第二次，成人越是讓步，兒童就越是得寸進尺。成人幻想能看到自己的孩子得到滿足，但帶來的卻只有幻想之餘的苦澀。物質世界是極爲有限的，而幻想是無限的，所以終有一刻將形成衝突和激烈的對戰。兒童的任性成爲成人的災難。這時，成人馬上也意識到自己的錯誤，並說：「我寵壞了孩子。」

聽話的兒童也有他們自己說服成人的方式，他們用熱情、哭泣、懇求、傷感和惹人喜愛來表現。爲此，成人也會讓步，直到他們再也無法做到。於是兒童不再高興，並導致他們心理生活中各種正常情況的偏離。成人開始思考並最終注意到他們對待兒童的方法使兒童養成了惡習，爲此成人想方設法退卻和糾正錯誤。

然而，大家都知道，沒有什麼辦法可以糾正兒童的任性行爲，勸說和懲罰都沒用，這就如同對一個發高燒和神志不清的人進行演講，向他表明健康是一件好事，並威脅他說如果不退燒就打他，這樣行不通。成人讓步的時候不僅僅是寵壞自己的孩子，成人實際上更是阻礙了孩子的生活，把生活推向發展的歧途。

第三十八章　自卑感

成人沒有意識到他們對兒童表示出「蔑視」，因爲成人雖然相信他們的孩子漂亮和完美，爲此感到自豪並對孩子的未來充滿希望，但是卻有一種力量在暗暗地推動成人依照某種神祕莫測的成規去行事。這其中不僅僅是成人相信兒童「一無所知」或是「壞孩子」，需要灌輸或者糾正他們，而且還存在著他們對兒童的「蔑視」。對於成人來說，兒童是他們自己的孩子，他們可以在兒童面前無所不做，甚至有權表露在成人之間羞於表現的脆弱自卑的情感。由此，成人趨於貪得無厭和專橫跋扈，在家裡和在父權的掩飾下，持續和漸漸地蠶食了兒童的「自我」。例如，當一個成人看到孩子挪動玻璃杯時，他害怕孩子打碎杯子。此時他會貪婪地認爲杯子是一件寶貝，要保護它，於是阻止孩子挪動杯子。或許那個成人極其富有，想要累積更多的財富，讓他的兒子將來更加富有。但是，在那一刻，這個成人卻感到杯子價值連城，無論如何要保護它。另一方面，成人在想：「爲什麼孩子放杯子的方法與我的不同？難道我無權按自己的想法放置東西嗎？」但是不管怎樣，這個成人卻在內心裡非常高興爲自己的孩子做任何事情，甚至到忘我的地步，而且夢想著看到孩子將來取得成功，希望他成爲一個傑出和有權勢的人物。然而，就在那一刻，成人的心理卻趨向專橫跋扈，浪費精力去保護一個毫無價值的東西。事實上，如果是傭人做這樣的事，孩子的父親可能用微笑做出表示，如果是來訪的客人打破了杯子，父親會著急地向客人表示無關緊要，杯子根本就不值錢。

因此，兒童在不斷絕望之中不得不明白，他們是唯一一個對周圍物品帶來危險的人，也是唯一一個不能觸動物品的人，是無能的人，比物品更沒有價值。

另外，對於兒童內在心靈的建設，還有一個整體概念必須引起重視。兒童不僅需要觸摸東西，並用它進行活動，而且還需要行爲的連貫性，這對個性的內在建設有至關重要的作用。成人已經不再注意他們日常生活中習慣行爲的連貫性，因爲成人早已具備，是一種必然的結果和自然而然的習慣。成人早晨起床後，知道該做這個做那個，把它當成生活中最簡單的事去做。行爲的連貫性幾乎是自動實現的，不再需要提示，就好像呼吸不需要思考，我們不會察覺心臟跳動一樣。然而，兒童需要建立這個基礎，但是他們卻始終不能爲自己制定一個行動計畫。兒童在玩的時候，成人想到該去散步了，便走過來給孩子穿上衣服，帶著他出去；兒童正在做事情的時候，比如正在往桶裡裝石子，這時媽媽的朋友來了，媽媽便會過來停下孩子所做的事情，帶他去見剛剛到的客人。在兒童的環境裡，總是有這樣或那樣強大的人在安排兒童的生活，從來不與兒童商量，也不重視他們，因而顯得兒童的行爲沒有任何價值。相反，在兒童面前，如果一個成人要求另一個成人，即使是傭人，也會在打斷他之前說「請您」或「如果可以」之類的話。因此，兒童感到有別於其他所有人，有一種強烈的寄人籬下的自卑感。

正如我們剛才所說的，內心預先設定計畫基礎之上的行爲連貫性至關重要。成人有一天將會對兒童說，他們要對自己的行爲負責。但是負責的首要前提是必須有一個行爲關係的完整框架，並且能夠判斷行爲的意義。然而，兒童現在只感覺到各種行爲毫無意義。成人、父親會因爲無法喚起孩子的責任感，無法使孩子能夠把握自己的行爲而深感痛苦，但恰恰是他一點一點地打破了兒童體會生活後續行動的連貫性，打碎了兒童的自尊感。兒童由此深感自卑和無能。事實上，人要承擔各種責任，必須堅信自己是行爲的主宰，並且對自己充滿信心。

自認爲自己「不能做」最令人氣餒。我們設想一下，如果一個殘障兒童要與一個特別敏捷的兒童賽跑，那麼殘障的兒童肯定不願意跑；如果一個強悍的巨人在拳擊比賽中，面對的是一個沒有經過訓練的矮個子，那麼後者肯定不願意比賽。在開始冒險行動之前，努力的願望就已經破滅，在嘗試之前就已經感覺到沒有能力。成人在挫傷兒童對自己能力的信心和讓兒童自認無能的同時，在持續不斷地撲滅兒童內心努力的感覺。對於阻止兒童的行動，成人並不感到高興，但是他卻又對兒童說道：「你不能做這件事，再怎麼試也沒用。」如果不是一個很有修養的人，他可能會說：「傻瓜，你怎麼想做這種事，沒看到你不行嗎？」這種做法等於阻礙兒童的活動或兒童行爲的連貫性。不僅如此，它還傷害了兒童的個性。

這種做法使兒童在心靈中深信，不僅他們的行爲毫無價值，而且他們個性無能，不能去做。因此，兒童變得氣餒，對自己缺乏信心。如果有某個比我們強大的人阻止我們去做我們想做的事，我們會想到，或許在一個比較軟弱的人面前，我可以重新提出來。但是，如果成人灌輸兒童他們本身無能，那麼他們的思想便會被一層烏雲籠罩，心中出現某種膽怯、冷漠和恐懼，繼而變得墨守成規。所有這一切構成了「心理障礙」，心理分析學稱爲「自卑感」。這種障礙可以持續存在於人的一生，令人羞怯和感覺到自己無能，低人一等，使人不敢在人生的每一步中經受社會對他的考驗。

害羞、猶豫不決、在困難和批評面前立即退卻、發洩對痛苦境遇絕望的哭泣，都屬於這種自卑。

與此相反，「個性正常」的兒童所表現的一個顯著的特徵，就是信心十足、對自己的行爲充滿自信。

當聖洛倫索「兒童之家」的小男孩對那些在假日造訪而失望的人說：他的小夥伴們可以打開教室，即使老師不在，他們也可以做事的時候，小男孩表現出了完全沉著的個性特徵，他並沒有顯得過分自負，而是非常了解並能夠把握自己的能力。

這個小男孩知道自己正在做的事，完全能夠把握完成任務的後續行動，而且做起來非常簡單，根本沒有感到做得過分。

當義大利王后走到正在用活動字母拼詞的小男孩面前，要求他拼寫「義大利萬歲」的時候，這個小男孩沒有一絲的驚慌，他首先把正在用的活動字母放回原處，顯得非常從容，就像單獨一個人在做事一樣。而大家都以爲，他會出於對王后的尊重，馬上停下手上的事情，按照王后的指示去做。但是，他不會打亂自己的習慣，在用原來的字母拼寫新詞之前，他必須把這些字母整理一遍。就這樣，在整理完畢後，小男孩拼出了「義大利萬歲」。

他只是一個四歲的兒童，卻已經能夠主宰自己的情感和行爲，對於發生在周圍環境中的事件，他知道如何行事，而且充滿自信。

第三十九章　恐懼

恐懼是另一種心理偏離，但人們通常認爲它是兒童的天性。說到兒童的恐懼，人們通常指非環境條件作用下嚴重的心理干擾，如同羞怯一樣，是兒童的性格特點之一。可以說，有些聽話的兒童好像始終被一種恐懼的可怕氣氛籠罩著。而那些強健和活潑的兒童，儘管他們時常能夠勇敢地面對危險，但仍表現出某些神祕、不合理和無法克服的恐懼。這些恐懼可以解釋爲過去遺留下的強烈印象所造成的結果，比如害怕過馬路，害怕貓躲在床底下，害怕小雞，它類似於精神病學研究的成人的恐懼症。所有這些形式的恐懼尤其在「依賴成人」的兒童身上存在，成人正是利用兒童意識的脆弱，人爲強加給兒童各種對陰暗莫名的恐懼，目的是讓兒童服從他們。這是成人防範兒童最惡劣的手段之一，黑夜本來就充斥著令人可怕的影像，它又加重了兒童對黑夜天生的恐懼。

任何有助於兒童接觸現實，體驗環境裡的事物，幫助兒童理解事物的做法，都能夠促使兒童消除紊亂的恐懼心理。在我們推動兒童正常化的學校裡，我們使兒童克服了潛意識的恐懼，或者使兒童不表現出恐懼，這是我們取得的最明顯的成果之一。

有一個西班牙人，家裡有三個女兒，都已經是少女了，另外還有一個小女兒在我們的學校裡學習。每當夜裡有雷雨的時候，小女兒是四姐妹中唯一不害怕的，她會帶著姐姐們穿過房間，走到父母的臥室，讓姐姐們躲在父母的身邊。小妹妹絲毫沒有那種莫名的恐懼感，成了三個姐姐的心理支柱。因此，姐姐們時常在夜裡因爲害怕黑暗，跑到小妹妹那裡，以此擺脫她們內心的焦慮。

「恐懼心態」不同於在危險面前反映正常自衛本能的恐懼。與成人相比，這類正常的心理恐懼在兒童身上不經常出現，其原因不僅僅是由於兒童對外界危險的經歷比成人的要少。我們或許可以說，兒童一個顯著的特點是敢於面對危險，這個特點比成人更加突出。事實上，兒童也經常處於危險之中，比如，他們在城市的街道上，各種車輛擦身而過；在農村，他們攀爬大樹或從陡峭的山坡上下來；他們撲到大海和河水裡，經常冒險學游泳。還有，他們勇敢和力圖解救同學脫險，兒童英雄主義的事蹟不勝枚舉。我想講一個美國加州孤兒院發生火災的事。孤兒院有一個盲童部，人們在罹難者裡找到一些孩子並不是盲童，這些兒童本來住在樓房的另一端，但在危險時刻他們卻想到了去解救盲童。在兒童協會《童子軍》類的會報上，人們每天能夠讀到兒童英雄主義的事蹟。

或許人們要問：正常化是否會催生這種在兒童身上經常看到的英雄主義傾向。在我們正常化教育的經歷中，我們沒有遇到過任何英雄般的事例，只有一些崇高願望的表示，與眞正的英雄行爲相距甚遠。在我們的學校裡，兒童眞實和普遍的情況是「謹慎」，謹慎使他們避免危險，使他們在危險中遊刃有餘。比如，在餐桌上和廚房裡使用刀子，點火柴或點亮照明用具，點火，在水池邊無人陪伴，在城市裡過馬路。總之，我們學校裡的兒童能夠把握他們的行動，控制自身的魯莽，平和而且自信地生活。因此，正常化並非把兒童推向危險，而是促使兒童謹慎，了解和控制危險，並在危險的情況下採取行動。

第四十章　謊言

心理偏離儘管像枝繁葉茂的大樹一樣有很多的特點，但其深刻的根源是相同的，只有在那裡才能夠找到正常化的奧祕。然而，在普通心理學和當今教育學中，這些特殊的枝杈仍被看作是個別的缺點，缺點之間互無聯繫，應該分門別類研究和對待。

說謊是其中一個主要的缺點。謊言就像一件心靈的衣裳，把心靈隱藏起來，它也像一套行頭，衣服越多，各種謊言也越多，而且每個謊言都有其各自的重要性和意義。有正常的謊言和病理性的謊言。早期的精神病學對狂躁性謊言，即無法自控的歇斯底里式的謊言有著廣泛的研究。人的心靈被這種謊言完全占據，所說的每句話都交織著謊言。精神病學也同樣注意到少年法庭上兒童的謊言，以及在一般情況下，兒童出於潛意識可能作的僞證。事實發人深省，兒童「心靈純潔」，幾乎是眞理的代名詞（眞理由無辜者的口中說出），但他們卻可能用眞誠的感召力作出虛假的證詞。犯罪心理學家已經注意到這個令人驚異的事實，認爲那些兒童是非常眞誠的，他們說謊是因爲心理紊亂，激動的時候加劇了心理紊亂。

這種虛假代替眞實的謊言，不論是持久的還是偶然發生的事實，都與兒童試圖遮掩自己，有意識進行自我保護的謊言大相徑庭。另外，在日常生活裡，即使是在正常的兒童身上，還有一種與自我保護毫無關係的謊言。謊言可以是完全編造出來的，爲的是描述幻想的東西。這些謊言很容易讓其他人相信，但說謊的目的不是爲了欺騙，也沒有絲毫個人的目的。它完全是一種藝術形式，就像演員在扮演某一個角色。我舉一個例子：有一次幾個孩子對我說，他們的母親在請一位貴客吃飯時，親自動手準備了幾種營養豐富的菜汁，想宣傳一下健康的飲食。母親成功做了一道天然的而且非常美味的湯汁，客人說他很喜歡，要為他們的母親宣傳。故事聽起來很詳盡和有趣，於是我請孩子們的母親告訴我如何做那道富含營養的湯汁。但是，這位母親卻回答說，她從來沒想過要做類似的東西。這個事例說明，兒童純粹在想像，想像演繹了正經的謊言，被用於人際交往，它沒有其他用意，只不過是為了編個故事。

這種謊言與因為懶惰、不想知道眞理、不求甚解而編造的謊言完全不同。

在某些情況下，謊言是小聰明的產物。我認識一個五歲的小男孩，他的母親臨時把他托給一家寄宿學校。他和另一群孩子由一位年輕的老師負責照顧，這位班主任非常稱職，對這個特殊的小男孩充滿了愛心。過了一段時間，這個小男孩開始向媽媽抱怨，很激動地把老師描寫得非常嚴厲。母親向校長詢問情況，卻得知老師對他的孩子十分親切，總是非常熱心地照顧他。於是，母親把孩子叫過來，問他為什麼說謊。「我不能說校長是壞人。」孩子回答說。看似小男孩敢於指責校長，但實際上他說謊只是權宜之計。可以說，兒童能夠用他們的小聰明，以很多的形式適應環境。

相反，軟弱聽話的兒童說謊時反應很快，幾乎是防衛性的條件反射，根本不經過考慮。這種謊言非常天眞、沒有條理、難以想像，因此十分明顯。然而，教育者在揭穿它時，卻忘記了兒童說謊背後的原因，他們的用意十分純樸和明確，就是為了保護自己，防範成人的侵擾。成人指責軟弱、羞怯自卑和有恥辱感的兒童，直指說謊的人是自卑的人。

謊言是一種智慧現象。在兒童時代，各種智慧現象在形成階段，隨著年齡的增長逐漸組織起來，並構成人類社會的一個重要組成部分，它是不可或缺、得體和美觀大方的東西，就像人身上穿的衣服。在我們促進兒童正常化的學校裡，兒童在心靈深處摒棄了被歪曲的社會習俗，表現得自然和眞誠。然而，謊言並不是一種能夠奇蹟般消失的心理偏離，人必須再造而不是皈依，需要明晰觀念，深入現實，解放思想，嚮往高尚的情操，只有在這種情況下才能再造眞誠的心靈。

但是，如果分析社會生活，人們會發現，社會的氛圍裡處處是謊言，不治理就不可能改良社會。事實上，我們學校的很多孩子在上普通中學時，被當作是性格倔強和不順從的孩子，只是因爲他們比其他兒童更眞誠，沒有養成有時必須妥協的習慣。教師們沒有注意到這樣一個事實：社會規範和社會關係中交織著謊言，不爲人所知的眞誠似乎在顚覆道德的建設，而這種道德卻早已被確定爲教育的基礎。

心理分析學對人類靈魂發展的一個最突出貢獻，是把變態解釋爲一種潛意識的適從。是成人的虛僞而非兒童的謊言，使人穿上了一層令人可怕和僞裝的外衣，就像動物的裘皮或羽毛，它掩蓋、美化和保護著下面潛藏的斑疵。虛僞地掩飾是欺騙感情，是自欺欺人，目的是爲了生活，或更準確地說，是爲了在純眞和自然的情感與周圍世界發生衝突中易於生存。由於人不可能永遠在衝突中生活，所以心靈變得適從。

成人對待兒童有一種特殊的虛僞。成人用犧牲兒童的需要來滿足自己的需要，對此成人不敢承認，因爲它是無法容忍的。成人相信自己在行使自然權利，他們的所作所爲是爲了兒童長遠的未來。當兒童反抗時，成人在心理上不是去思考事實本身，而是把兒童爲了保護自己生活所做的一切武斷爲不聽話和壞苗頭。漸漸地，原本已經微弱的眞理或正義的聲音消失了，取而代之的是罩在光環之中、僵化和恒久的虛僞，而在表面上卻是所謂的義務、權利、職責、謹愼等等。「心凝固了，變得像一塊透明閃光的堅冰。對抗它的一切都被打得粉碎。」、「我的心變成了石頭，我打它，受傷的卻是我的手。」但丁描寫恨隱藏在地獄裡，他在地獄篇裡做了形象的比喻，愛恨兩種不同的心態就像液態的水和固態的水。是的，藉口社會習俗是精神上的欺騙，成人以此適應偏離的社會，它使原本應有的愛漸漸地凝固爲恨。這種可怕的謊言隱藏在潛意識的最深處。

第四十一章　生理反應

有很多特點是與心理偏離聯繫在一起的，其中有一些特點因爲是對人體機能的反映，所以看似無關。如今，醫學已經在這個方面進行了深入研究，證明許多身體疾病有其心理原因。即使某些看上去與身體緊密相關的生理惡習，也有其早期的心理根源，其中有些特點在兒童身上表現突出，比如說營養失調。健壯活躍的兒童容易貪吃，很難透過教育和衛生知識讓他們節制。這些兒童吃得過量，而且胃口越來越大，但卻經常被人們高興地認爲是「胃口好」，然而它造成了消化不良和飲食過剩，兒童不得不經常就醫。

自古以來，以軀體瘋狂、無益，甚至有害地占有過量的食物，被認爲是有悖道德的惡習。這種習性可能導致對食物正常感覺的退化，而正常的感覺應該是覓食侷限在必須的範圍之內，如同發生在所有動物身上的，肌體的健康完全依靠存活需求的主導本能。事實上，個體的存活有兩個方面，一方面是在環境中的存活，即避免危險；另一方面就是對食物的需求。在動物界中，對食物需求的主導本能更爲突出，但又是有限度的。事實上，它代表著所有動物物種一個最顯著的特徵。不論攝入食物的量多還是量少，每種動物都有一定的限度，這是大自然賦予動物的本能。

只有人有「貪食」的習性。人不僅毫無感覺地貯藏過量的食物，還有吸食有毒物質的習性。因此，可以說人在出現心理偏離後，喪失了保護身體健康的感覺。心理偏離的兒童就是最好的證明，在他們身上很快發生了營養失調的情況。食物以其外表吸引人，引起人的味覺，而兒童對存活需求的感覺，即內在主動的能力卻降低和消失了。在我們促進兒童正常化的學校裡，一個最令人驚奇的表現就是，由心理偏離回歸正常狀態的兒童不再貪吃。他們所關心的是儀態得體和正確吃飯。當我們談到兒童皈依時，他們活力的恢復最初簡直讓人難以置信。爲了證實這個現象，有人仔細描寫了一些他們活動的場景。每到吃飯的時候，有一些小孩坐在誘人的飯菜前，卻用心地整理餐巾，盯著刀叉，想著如何正確地擺放和使用，或者他們去幫助更小的孩子。有時，他們細心入微，甚至飯菜都放涼了。有些孩子看上去很傷心，只是因爲他們沒有如願被選中爲大家端飯菜，而是讓他們完成最簡單的任務：吃飯。

心理因素和飲食對應關係的另一個證明是相反的事實。順從聽話的兒童特別討厭食物，而且經常難以說服。很多孩子拒絕吃飯，有時甚至非常堅決，這給家人和學校帶來了極大的困擾。這種情況發生在學校裡那些貧窮和弱小的孩子身上更是令人不安，因爲他們本應該抓住所有機會，充分地攝取營養。類似的情況有時甚至造成兒童體質下降，難以治療。拒絕吃飯與消化不良不能相提並論，眞正的消化不良是消化器官出現異常，導致食慾不振。兒童不願意吃飯有其心理原因。在有些情況下，是出於自我保護的衝動，尤其是當人們想強行餵孩子，強迫孩子按成人的節奏快點吃飯的時候，因爲兒童有自己完全不同的節奏。在這一點上，兒科專家表示認同，而且他們還觀察到，兒童並不是一次就吃完所有的食物，他們在慢食的過程中會有多次長時間的停頓。

吃奶階段的嬰兒也是同樣的情況，他們吃飽的時候並不離開奶嘴，他們離開奶嘴是爲了休息一下，這是他們斷續的節奏。由此可以看出，在違背自然規律，兒童被迫進食的情況下，存在著兒童自我保護的可能，他們構築起一道屏障進行反抗。但是，還有一些情況與這種自我保護不同，兒童在氣質上就沒有吃飯的願望，他們自然顯得臉色蒼白，沒有任何治療、戶外的活動、陽光和大海能夠振作他們的食慾。究其原因，是因爲總有一個他們極其依賴的成人在身邊，抑制和約束著他們。治癒的方法只有一個：讓兒童遠離壓抑他們的人，把他們帶入一個自由和活躍的心理環境，消除造成他們心理偏離的依賴性。人們很早以前就已經認識到，心理作用與那些看似與純精神無關的生理現象，比如飲食問題存在著聯繫。人們在聖經故事裡可以看到，以掃[1]因爲貪吃，寧願違背自己的利益，毫無理智地出賣了自己長子的名分。事實上，貪吃也是「麻痺理智」的惡習之一。湯瑪斯．阿奎納[2]對此做了準確的闡述，他揭示了貪吃和智力之間的關係。阿奎納認爲，貪吃削弱了人的判斷力，其後果使人無法正確地認識現實。兒童的問題恰恰相反，是心理干擾造成了貪吃。

基督教把這種惡習與精神紊亂緊密聯繫在一起，視爲七宗罪之一，這些不可寬恕的罪惡

① 以掃（Esau），以撒和利百加的兒子。據《聖經》中創世紀（25：29-34）記載，以掃以「一碗紅豆湯」把「長子的名分」給了雅各。——譯者注

② 湯瑪斯．阿奎納（Saint Thomas Aquinas, 1224/1225-1274），一位基督教哲學家，一位神學家，一位詩人。歐洲中世紀經院哲學代表人物。天主教教會承認他是教會中第一流的西方哲學家和神學家。著作有《神學大全》和《反異教大全》兩部巨著。——譯者注

能夠導致精神的死亡，使人脫離統治世間萬物的神祕法則，從而走上絕路。另一方面，現代心理分析學以科學的方法，間接證明了我們有關主導本能消失，即存活需求感覺消失的概念。心理分析學以不同的方式把它解釋爲「死亡本能」，即人有一種自然的習性，輔助死亡不可避免地到來，爲之提供便利，縮短時間，並且用自殺迎接死亡。人依賴毒品，如酒精、鴉片、古柯鹼，而且惡習難改。因此，人不是在依戀生命和獲得救贖，而是在依賴死亡，呼喚死亡，招致死亡。這難道不是在說，一種本應主導個體存活需求的內在心理感覺消失了嗎？如果某種類似的習性與必然的死亡有關，那它應該在所有人的身上都存在。或許甚至可以說，每種心理偏離都在引導人走向死亡，使人在摧毀自己的生命。這種可怕的習性已經在兒童早期階段隱約地出現，幾乎令人難以察覺。

疾病的出現總是有其心理因素，因爲心理和生理是密切聯繫的，不正常的飲食爲各種疾病敞開了方便之門。有時，疾病只是一種表象，它完全是心理原因造成的，如同一種非現實存在的虛像。心理分析學明確闡述了逃向疾病的事實。逃向疾病並不是模仿病症，而是有眞實的症狀，體溫升高，功能紊亂，有時甚至症狀嚴重。然而，疾病並不眞實存在，而是與潛意識的心理有關，它能夠支配生理的規律。「自我」藉疾病逃避令人不高興的處境或責任。任何治療都無法消除這種疾病，只有把「自我」從他想逃避的現實中解放出來，疾病才能夠消失。所以，正如克服心理缺陷一樣，只有讓兒童生活在一個自由的環境裡，進行正常化的活動，他們身上很多的疾病和病態才能夠消失。如今，很多兒科專家把我們的學校看作「健康之家」，他們把那些有功能性疾病、用一般方法難以治療的兒童送到我們的學校，並獲得了令人難以置信的治癒效果。

第三篇

第四十二章　成人與兒童的衝突

成人與兒童衝突所造成的後果可以在人的一生中無限地擴展，它如同將石子投入平靜的水面後泛起的層層漣漪。同樣，它也像振動波一樣，以同心圓的方式向所有的方向傳播。

醫學和心理分析學正是按照這種方式，逆向發現了很多生理和心理疾病的根源。心理分析學家在研究心理疾病最深層次的根源中走得更遠，他們就像探尋尼羅河源頭的探險家，在到達平靜的大湖源頭之前，需要跋山涉水，穿越壯觀的瀑布。在人類迂迴曲折的心理中探索脆弱和無力抗爭的根源，科學超越了直接原因，深入到意識原因的更深處並到達了源頭，發現了平靜的大湖，這就是兒童的身體和心靈。反過來，如果我們有興趣關注這個被祕密書寫的人類新歷史，我們可以從兒童早期的大湖出發，沿著動人的生命之河前進，河水蜿蜒曲折，在崇山之中、在礁石之間急流而下，穿過一個又一個瀑布，無拘無束，直到生命之河的終點，直到奔湧的河水停止宣洩。

事實上，成人最明顯的疾病，不論是生理上的還是神經和心理上的，都在兒童時代有所反映，兒童時代的生活能夠說明最早的症狀。

另外，還必須注意到另一個事實：任何嚴重和明顯的疾病都伴有無窮無盡的小病。一種疾病導致死亡的情況與同一種疾病得到治癒的情況相比要少得多。如果說疾病是因爲一個人處於體弱的狀態，無法抵禦疾病的攻擊，那麼與此同時，人還應該有其他更多的弱點，儘管這些弱點沒有受到疾病直接的攻擊。

不正常情況的同質性就像層層不斷的漣漪和空氣中的振動波。同樣，人們分析水樣是否純淨和可以飲用，就可以對整個水域的水質做出結論。因此，當許多人死於同一種疾病或由於錯誤茫然若失時，我們應該得出結論，整個人類生活在錯誤之中。

這種看法並不新奇。早在摩西的時代就認爲人類有一個原始的錯誤，一個使人類倒錯和墮落的原罪。原罪說看似是無邏輯和不公正的，因爲它可以無情地宣判人類之中許許多多無辜的人。

然而，從這個角度出發，我們眼前卻看到，無辜兒童承接世代相傳的錯誤所導致的致命後果。

我們認爲，錯誤的原因在於人類生活的根本衝突，其後果嚴重，至今仍沒有得到人們充分地對待。

第四十三章　工作本能

在重新發現兒童之前，人們對兒童心理的規律了解完全是一片空白。如今，對決定人發育成長的「敏感期」的研究，將成爲人類最重要的一門學科。

發育和成長階段決定了未來人的基礎和人與環境日益緊密的關係，因爲個性的發展，即或人們稱爲兒童的自由，必然使兒童逐漸從成人中獨立出來，並在適宜的環境中實現，兒童也因此找到了發揮自身能力所必須的工具。這個道理非常明確和簡單，如同嬰兒斷奶後，人們需要爲他準備穀物類的食物和果汁，使用自然環境中的產品替代母乳。

在教育過程中，對兒童自由的錯誤做法是假想成兒童對成人的獨立，卻又沒有爲兒童準備一個相應的環境。這是一門教育科學，即使是在兒童飲食上，也必須符合明確的衛生健康要求。然而，兒童本身已經比較明確地爲我們描繪了準備心理環境的基礎框架，它也是一個新型教育方式的基礎，由此人們可以創造一個能夠實踐的現實。

由兒童給予我們的發現中，有一個重要的事實，就是兒童透過工作得到正常化的現象。在世界各民族兒童身上進行實踐的經驗證明，它是心理學和教育學領域從未有過的最有成效的方式。毫無疑問，對於兒童來說，愛工作代表著一種生命的本能，因爲不工作就無法發展自己的個性，個性將脫離自身塑造的正常界限。「人透過工作塑造」。什麼都無法代替工作，不論是福祉還是情感。另一方面，沒有工作就不可能消除心理偏離，使用懲罰或榜樣的力量也不可能做到。人透過雙手在工作中得到塑造，手是個性發展以及個人智慧和意願表現的工具，人在環境中用手實現自我存在。兒童的本能證明，工作是人固有的天性，是人類特有的本能。

工作應該給人至高無上的滿足，它是健康和不斷獲得新生（正如發生在兒童身上）的根本基礎，那麼為什麼成人拒絕工作，不相信工作是環境的客觀要求呢？問題的原因就在於，社會工作的本質建立在一個虛假的基礎之上，工作本能被占有慾、支配慾、偽善和特權歪曲，隱藏在人的心底，成為退化的特徵。在這種情況下，工作完全取決於何種外部條件或走入歧途的人之間所發生的衝突，工作是被迫的，進而造成強烈的心理障礙。因此，工作令人感覺艱苦和厭煩。

但是，在一些特殊的情況下，當工作出於內在本能的衝動時，工作則表現出截然不同的特徵，即使對於成人也是如此。這時，工作變得令人嚮往，不可抗拒，它把人帶到了摒棄心理偏離和紊亂的更高境界。這就是發明家、地球探險家、藝術家的工作。在這種情況下，人擁有了一種非凡的力量，重新找回了個性特徵中屬於人類的本能。它就像一股強勁的水柱，衝破堅硬的地表，猛烈地噴湧而出，之後又像雨露一般滋潤和清新了全人類。

這種衝動造就了人類文明的進步，使人得以重新展現正常工作本能的根本特徵，並在工作的基礎之上建立人類社會的環境。

毫無疑問，工作是人最獨特的特徵，文明的進步有賴於透過各式各樣的工作才幹，去創造滿足人類生活的環境。

然而，我們還應該看到，人在這樣的環境中找到脫離大自然生活的生活方式。這個環境不能稱爲人工環境，而是建立在大自然之上的「超自然」環境，人逐漸習慣，最終成爲人的生活元素。我們或許可以把人類的文明歷史比作物種緩慢的進化過程，進化使新的物種產生。在動物自然發展史上，海洋動物進化成兩棲動物，兩棲動物進化成陸棲動物。「兩棲」的人生活在大自然中，慢慢創造了「超自然」。人在兩種自然中生活，但更趨向於最終實現其中一種。如今，人已經不再僅僅生活在大自然裡，人在利用整個大自然，包括可見的和不可見的，所表現的和萬物神祕隱藏的。然而人並不是簡單地從一種生命環境轉到另一種環境，而是創造了自己的環境。人在獨享這個環境，如果離開他所創造的美妙環境，人便無法生存下去。因此，人依靠人生活。大自然不可能像援助其他生物一樣，完全滿足人的需要。人在大自然中不可能像鳥一樣找到現成的食物和築巢的材料，人必須在人與人之間找到所需要的一切。因此，每個人都與他人聯繫在一起，每個人都在透過工作爲人類生活的整體現實，即「超自然環境」做出貢獻。

但是，如果人依靠人生活，那麼他應該是自我存在的主宰，能夠把握自我存在和按照自己的意願安排。人並不直接因爲大自然的滄桑變化而屈服，他是超脫的，但是他卻絕對受到他人變化的影響。因此，如果他人的個性步入歧途，他的整個生命將陷於危險之中，因而存在著對人本身的危機。

在兒童時代，需要把握工作的本能，以及在個性的整體塑造過程中，正常狀態與工作之間的和諧。

最好的證明就是，人天生具有工作的動機，因爲大自然在推動人，爲了創造的目的，建築某種附屬於人自己的東西，並與他的存在相結合。所有生物都在以屬於其物種的本能活動爲世間的和諧做出貢獻，人如果不加入這種和諧是不符合邏輯的。珊瑚透過重建被海浪不斷沖刷侵蝕的海岸，爲形成島嶼和陸地做出貢獻；昆蟲傳播花粉，使很多植物得以繁殖；禿鷹和鬣狗獵食地面的動物死屍，清理了環境；還有一些動物能夠清除垃圾；蜜蜂產出蜂蜜和蜂蠟，蠶兒吐出蠶絲等等。生命的使命是如此偉大和重要，地球正是由於有了擁抱她的生命而得以延續，如同大氣層在保護地球一樣。事實上，今天人們也已經把地球上的生命看作是一個整體的「生物圈」。生物的最終目的不是爲了生存，他們在生存的同時，還是地球延續的重要組成部分，成爲地球萬物和諧的必要因素。動物在生產更多越過他們實際需要的東西，從他們的活動中總能夠得到大量超過他們生存需求所必須的剩餘物。因此，他們都是這個世界的工作者，遵守著普遍的自然規律。人也不例外，人是最傑出的工作者，他在建設一個超自然的環境。人所創造的財富顯然並不是爲了簡單地存在，他還有執行萬物秩序的職能。

爲了工作完美地創造，工作創造不應根據人本身的需要，而應該受工作本能的神祕引導。致命的心理偏離將使人脫離了世界的中心，喪失了生活的目標。對於兒童來說，人的塑造是他們的使命，要正常發展，他們必須完全符合指引自身塑造的本能。另外，在人的塑造過程中，還有一個很大的祕密，這就是正常的教育決定「超自然」的環境。

第四十四章　兩種工作的特徵

成人和兒童應該相互熱愛、和諧生活，但在他們之間卻不斷發生著衝突，因爲他們不能相互理解，它破壞了和諧生活的基礎，並發展成爲盤根錯節的作用與反作用的相互較量。

這種衝突反映出許多問題，其中有些問題非常明顯和容易理解，是由外部社會關係決定的。成人有他們需要完成的任務，工作複雜和緊張，使他們越來越難以停下來，去順應兒童的需要、適應兒童的節奏和滿足兒童心理成長的需求。另一方面，兒童也不適應成人越來越緊張和複雜的環境。我們可以想像到，原始形態的生活簡單平和，成人致力於簡單和慢節奏的工作，在成人身邊，在家畜周圍，兒童總是能夠找到自然的庇護，他們可以自由地觸摸東西，也可以工作，不用害怕引起別人的反對。他們困倦時，可以躺在樹蔭下入睡。

然而，文明慢慢剝奪了兒童的社會環境。一切變得過於有章法、封閉和快速。不僅成人生活的快節奏成爲兒童的障礙，而且機器時代的到來，像刮起的一陣狂風，甚至捲走了兒童最後得以庇護的角落。因此，兒童不能夠積極地生活。人們全力以赴地照顧兒童，只是爲了使他們避免越來越多來自外部的危險。但實際上，兒童在世間卻是一個流亡者、一個沒有活力的人、一個奴隸。沒有人想到要爲他們創造適宜的環境，沒有人反思他們需要行動和工作。

因此，我們應該認識到，因爲生命形式有兩種，社會問題也有兩個方面，即成人的社會問題和兒童的社會問題。同樣，工作也有兩種基本形式，即成人的工作和兒童的工作，兩者對於人類生活都是不可或缺的。

成人的工作

成人本身的活動是要建立「超自然」環境。它是外在的工作，透過實踐活動和發揮智慧，因而它是所謂的生產性工作，其性質是社會的、集體的和有組織的。

爲了達到工作的目標，人不得不按照社會法則組織和協調工作。社會法則規範了集體紀律，人們自願接受，而且人們自己也認爲它是社會生活中不可缺少和行之有效的規則。但是，除了那些代表當地需要和區別不同群體的法則之外，在幾個世紀中，人們還確定了其他圍繞工作，而且是自然形成的基本法則，這些法則適用於所有的人和所有的時代。其中一個法則就是工作分工，它同樣適用於所有的生物，而且是必要的，人也是根據生產分工得到區分。另一個自然法則涉及工作者本身，這就是事半功倍的法則，根據這一法則，人試圖用最少的工作獲得最大的生產成果。這一法則非常重要，不僅因爲人們希望盡可能少地工作，還因爲根據這一法則，可以盡可能少地消耗能量，同時獲得最大的產量。這個原則對於機器也是有用的，因爲機器代替和補充了人的工作。

這些法則適用於工作，是社會和自然的「積極法則」。

然而，不是所有的事物都按照這些「積極法則」發展的，其原因在於，在工作過程中所使用的材料是有限的，人爲了創造財富，必然導致競爭和「爲生存而戰」。動物界也存在著同樣的法則。

由此，個人的「偏離」大行其道，造成了衝突。與個人或同物種「存活需求」毫無關聯的「占有性貪婪」在自然法則之外無限制地滋生。「占有慾」支配了「愛」並把愛轉化為「恨」，它侵蝕著「有組織的」環境，阻礙了個體本身和社會組織中工作的發展。因此，剝削他人的工作取代了工作分工，決定了「利益法則」。在所謂「權法」的掩蓋下，人的偏離所造成的後果成爲社會的原則。謬誤從此戰勝了人類社會，「暗示」它是建立道德秩序必要的標準。在濃重黑暗的烏雲下，邪惡披著僞善的外衣，一切都偏離了，而所有的人都接受了偏離導致的痛苦，並認爲它是必要的。

兒童是一個絕對自然的生命體，有形地生活在成人的身邊，而且已經被納入每個家庭不同的生活環境之中。然而，兒童始終是成人社會活動的局外人，他們的活動不可能用於社會生產。事實上，我們應該在意識裡把握一個原則，這就是兒童不可能參與成人的社會活動。比如，在成人的工作中，一個鐵匠用重錘在鐵砧上敲打，兒童顯然不可能從事這類工作；又比如，在智力工作中，一位科學家在操作精密的儀器進行複雜和艱苦的研究，兒童顯然不可能爲研究做出任何貢獻。我們還可以試想，一個立法者在研究如何完善法律，兒童永遠不可能代替他完成這項工作。

對於這個社會來說，兒童完全是不相干的。兒童所處的地位可以用《福音書》裡的話進行概括：「我的王國不在這個世界。」因此，兒童完全是成人組織體系之外的人，與人在自然之外建立的人工環境毫不相干。兒童在他們降生的世界裡，絕對是一個「社會外人」，也就是一個不能適應社會的人，他們不能積極參與社會的生產活動，不能協調社會組織，同時還打破了已經確立的平衡。事實上，兒童的確是一個社會外人，總是在干擾成人，甚至在家裡也是一樣。如果一個兒童很活躍，不願放棄自己的活動，他就更難以適應社會。爲此，人們試圖進攻，強迫兒童不要干預，不要騷擾，迫使兒童處於被動中。所以，人們習慣把兒童送進托兒所或遊戲室，或是學校，成人判決兒童到這些流放地，直到他們學會生活在這個世界上不再打擾別人爲止。只有到了那個時候，兒童才可以被社會接納。但在此之前，他們必須服從成人，就像一個喪失民事權利的人，而實際上兒童從來也沒有過民事權利。成人是兒童的主人，兒童必須一貫服從成人的命令，成人的命令「先驗」正確，不容置疑。

兒童從虛無走來，進入了成人的家庭。在兒童面前，成人像上帝一樣強大，是唯一能夠給他們提供生活必須品的人。成人是創造者、供給者、統治者和執法者。兒童附屬於成人，沒有人像兒童一樣完全和絕對地屬於另外一個人。

兒童的工作

兒童也是工作者和生產者。雖然他們不能參與成人的工作，但是他們有自己的工作，任務艱鉅、重要和困難，這就是塑造人。如果說，從一個沒有活力、不會說話、沒有意識、沒有活動能力的嬰兒，轉化成為一個完美的、從心理生活獲得豐富智慧和精神煥發的成人，那麼它應該歸功於兒童。

完全是兒童塑造了人。成人不能干預這項工作。與成人創造他們所統治的社會「超自然」環境的工作同樣排斥兒童相比，兒童「世界」不需要成人的排他性更為明顯和絕對。兒童工作的性質和潛能與成人有很大不同，甚至可以說是相反的。它是一種無意識的工作，透過不斷發展的精神力量得以實現。它是一個創造者的工作，這使人聯想起《聖經》裡的描寫，在說到人的時候，故事只寫道：「人被創造。」然而，人是如何被創造的呢？這個活生生的人來自虛無，又是如何接收了所有智慧和力量呢？我們可以從每個兒童，從所有兒童身上注意和領悟到這一創造的所有細節。我們的眼睛每天都在看著這種精彩的表演。

事實亦是如此，人降生到世界上即開始了故事的再現。生命綿延不息，死亡就意味著復生。對於這個簡單明確的現實，我們可以不斷重複地說：「兒童是人之父。」成人所有的力量都來源於「人之父」完全實現其祕密使命的可能。兒童處於一個眞正工作者的地位，他們不可能單純靠思考或休息來實現他們創造人的目標。他們在透過活動進行工作，透過工作創造人。另外還應該注意到，兒童工作時也在利用外界環境，也就是成人利用和改變的環境。兒童在不斷練習中成長，他們的塑造活動是一種源於外界環境的、有形和眞實的工作。兒童透過練習和運動累積經驗，這樣，他們便可以協調自己的運動，記憶來自外部世界的情感，孕育智慧。他們透過最初盡可能做到的細心觀察和努力，逐步掌握了語言；他們透過不懈的嘗試，學會了站立和奔跑。在這個過程中，兒童像一個非常勤奮的學生，遵守著計畫和時間表，而且永恆不變，就像星星在一個看不見的軌道上持久運行。事實上，人們可以預見到兒童每個年齡階段的身高，兒童的身高會在一定的範圍之內。我們知道，一個五歲的兒童能夠達到哪一個智力水準，八歲的兒童又是什麼樣的水準。只要兒童不違背大自然為他製定的成長圖譜，我們同樣還能夠預測十歲兒童的身高和智力水準。經過孜孜不倦的活動和不懈的努力，累積經驗，不斷獲取，戰勝艱苦考驗和抗爭帶來的痛苦，兒童在困難和非凡的活動中獲得成長，得到完善和昇華。成人在改善環境，而兒童卻在完善人。兒童的努力就像一個行進中的人，為了抵達目的地，他不會停下腳步。所以，成人的完善取決於兒童期的努力。

*我們成人屬於他們。在兒童活動的領域，我們是他們的孩子和從屬者，如同他們*在我們工作的世界中，是我們的孩子和從屬者一樣。人們在某一個領域是主人，兒童在另一個領域也是主人，他們相互依從，但又是兩個王國的國王。

這就是整個人類和諧的本質。

兩種工作的對比

由於兒童的行動是作用於外部世界眞實物品上，並由此構成兒童的工作，我們可以把它當作研究的課題，探索其中的規律，發現內在的原因，與成人的工作進行對比。成人和兒童都在利用環境進行直接、有意識和自願的活動，它應該被看作一種我們所說的「工作」，除此之外，兩者在工作中都有一個他們直接意識到和想要自願達到的目標。包括植物在內，不藉助環境發展就不可能存在。其實，這句話不完全正確，它只是一種直接判斷罷了。實際上，生命本身構成了一種能量，在不停地創造和改善環境的過程中，透過持續保持創造進行釋放，而且如果沒有這種活動，環境將分崩離析。例如，珊瑚的直接工作是吸取海水中的碳酸鈣來建築防護大堤，但對於環境來說，他們的目標是形成新的陸地。但是，由於這個目標對於珊瑚的直接活動來說太遙遠，所以我們只是暫時用非常科學的方法在研究珊瑚，而根本不去考慮陸地形成的問題。所有生物，尤其是人的活動亦是如此。

一個非直接的但顯而易見和明確的目標就是，每個成人都是兒童創造性工作的成果。深入探討兒童的各個方面，我們就能夠研究和了解一切，如同從構成物質的原子到物質所有最細微的作用一樣。但是，這些我們在成人身上是無法發現的。

不管怎樣，成人和兒童直接活動的兩個遙遠的目標，都決定了工作需要藉助於環境。或許，大自然在最簡單的生物身上揭示了其中的祕密。比如，在昆蟲身上，我們可以看到兩種一樣的生產性工作。一個是桑蠶吐絲，人們用光亮的眞絲織出貴重的織物；另一個蜘蛛織網，蜘蛛絲沒有強度，人們急於破壞它。那麼可以說，眞絲是兒童的產品，蜘蛛絲則是成人的產品。毫無疑問，他們是兩個工作者。因此，說到兒童的工作並與成人的工作進行對比——我們所指的是兩種完全不同的活動，它們的目的不同，但兩者又都是眞實存在的。

但是，最重要的是應該了解兒童的工作。兒童工作時，並不是爲了達到外部目標。他們的目標就是工作，他們結束一個不斷重複的練習，停下活動的時候，並不取決於外部的行爲。對於個人的反應來說，停止工作與勞累無關。正相反，兒童的特點是在工作結束後，他們增強了力量，更加充滿活力。

這說明兒童與成人工作的自然規律存在著差別：兒童並沒有遵循事半功倍的法則，而是一個相反的法則，因爲他們在消耗大量的能量進行一種無目的性的工作，而且他們不僅在運用激發的推動力，還在調動潛能去完成工作的每一個細節。目標和外部行爲不管怎樣都是無關緊要的。環境與完善內心生活之間的關係問題十分重要。成人認爲，它關係到一個人的精神世界。一個思想境界很高的成人不關心外在的東西，他只是在適當的時候，利用外在的東西完善內在的精神。相反地，只有一般思想境界的人，或更準確地說，只有停留在自我意識層次的成人，才關心外在目標，不惜一切，全神貫注地投入。

成人和兒童工作之間，另一個明顯和無可非議的差別就是，兒童的工作不要求回報和得到許可。兒童需要自己進行成長的工作，直到任務完成。任何人都不可能替代兒童的工作，代替他們的成長。兒童也不可能爲了儘快長到二十歲，盡可能地想縮短時間。因此，發育成長階段的兒童一個明顯特點，就是遵循自己的計畫和時間表，不會滯後，而且認認眞眞。大自然是一位嚴格的教師，不服從大自然將導致「發展缺陷」或作用偏離，導致異常或疾病；而誰有任何的不服從，都必將受到懲罰。

兒童擁有的「動力」與成人不同，成人總是出於過多外在的因素採取行動，外在原因要求成人付出艱苦的努力、犧牲和勞累。因此，爲了這一使命，兒童必須做好充分的準備，使人變得強壯和堅強。

然而，兒童在工作中並不會感到勞累，他們在工作中成長，因此，工作增強了他們的力量。

兒童從不要求對他們的工作做出回報，他們只要求獨自一個人完成自己的使命。成長性的工作成爲他們的生命。「要不工作，要不死亡。」

如果成人不了解這個祕密，他們就永遠不會明白兒童的工作。事實上，成人並不明白。所以，他們在阻止兒童工作，猜想休息對兒童的成長更爲有利。成人所做的一切都在替代兒童，因爲他們在按照他們事半功倍和時間經濟的工作自然法則行事。成人覺得自己更能幹，更成熟，他們爲兒童穿衣服、洗手，抱著兒童或把兒童放在小推車裡，整理兒童身邊的東西，從不讓兒童參與這些事情。

當人們一旦給了兒童一點適合的「空間」和「時間」，幼小的兒童第一個自我保護的反應就是說：「我來做，我要做這個！」在我們的學校裡，環境適合幼小的兒童，他們表達內心需求的話是：「讓我自己做這個。」

這種矛盾的表達多麼具有說服力！成人應該幫助兒童，但是要讓他們在這個世界上展開自己的工作。不僅如此，兒童已經表達了內心需要，那麼環境品質也應該是充滿活力的，而不應該是鬱滯的。它並不是什麼需要爭取或可以享受的環境，而是用一種方式，幫助兒童確立自己的作用。因此，環境顯然必須直接由一個內心高尚的人活躍起來，由富有智慧的、已準備好履行這個使命的成人進行組織。這個觀念既不同於爲兒童包辦一切的態度，也不同於成人將兒童棄於被動環境的想法。

因此，僅僅爲兒童準備一些適合他們體型和身材的物品是不夠的，還必須培養成人，使他們幫助兒童。

第四十五章　主導本能

自然界也有兩種生命形式：一種成年的和一種幼小的。這兩種形式截然不同，甚至是對立的。成年生命的特點是爭鬥，其中有拉馬克①所論述的適應環境的爭鬥，也有達爾文②闡述的物競天擇的爭鬥。爭鬥的目的不僅是爲了物種可以生存，還有性選擇的需要。

發生在成年動物身上的情況可以比作人類之中成人社會生活的發展：不斷努力保持生命的存在，抵禦強敵，付出爭鬥和勞累，以便適應環境，另外還有愛情和對性的征服。正是物種的努力和競爭，使達爾文看到了進化的原因，也就是生物的完善，因而他解釋了生物生存的問題。歷史唯物主義把人類的進化歸爲人之間爭鬥和競爭的結果。

然而，人類的歷史只描繪了成人發展的歷程，但在自然界卻並非如此。恰恰相反，眞正生命存在的關鍵在描繪幼小生命的章節之中，它展示了無數神奇的生物多樣性。在變得強大和能夠爭鬥之前，所有的生物都是弱小的，所有的生物生命開始時，其器官都不能夠適應爭鬥，因爲器官並不完整存在。沒有任何一個生物生命的開始就是成年的。

---

① 拉馬克〔Jean-Baptiste (-Pierre-Antoine) de Monet, chevalierde Lamarck, 1744-1829〕，法國生物學的先驅，以其獲得性遺傳的觀點而著名。——譯者注

② 達爾文〔Charles (Robert) Darwin, 1809-1882〕，英國博物學家，提出了以自然選擇爲基礎的進化學說，在生物學中引起一場革命。著有《物種起源》等。——譯者注

因此，生命肯定有一個內在的隱藏部分，他應該有另外的形式、手段和動因，他們完全不同於強大的個體和環境相互作用之中所顯現出的表象。

這個章節可以命名爲「自然界幼體章節」。幼體隱藏著眞正生命的關鍵，因爲發生在成年生物體上的事實，只能用於解釋生存的過程。

生物學家透過觀察生物的幼小生命，向世人展現了大自然最壯觀和複雜的一面，揭示出生物神奇的現實和非凡的可能性，它使整個大自然生機勃勃，充滿詩情畫意，令人折服。在這個領域，生物學研究和展現了物種的創造力和存活能力，詮釋了內在主導生物的本能，這些本能有別於其他許許多多的衝動本能，涉及生物對環境的直接反應，可以稱爲「主導本能」。

生物學按照本能的目的性，始終把各種本能分爲兩個大類，即個體存活本能和物種存活本能。在這兩種本能中都有生物爭鬥的表現，爭鬥在片斷性事件中發生，基本上是個體與環境的衝突，而其他表現則完全是本能對生物持久的主導，它主要反映在生物存活上。

例如，在個體存活本能中，對不利或危險情況的防衛本能促使生物從事階段性爭鬥。在物種存活本能中，階段性的本能反映在生物與其他同類相處中逆向形式的結合或性的爭鬥。生物學最早注意到並研究了這些最激烈和最明顯的事件，繼而從生物存活和恆久持續的角度，更深入地研究了個體和物種存活的本能。

然而，生命的存在代表了宇宙萬物的作用，與其有關的，而非對環境反應的主導本能是生物內在微妙的敏感，正如思想純粹是內在心理的特質一樣。繼續進行比較，它可以被比作生命內在形成的某些神聖的思想，在外部世界被付諸行動。因此，主導本能並不是對片斷性爭鬥的衝動，而是帶有智慧的特點，它引導生物穿越時空（個體）並走向永恆（物種）。

主導本能不可思議，尤其在引導和保護幼小生命的時候。此時的生物幾乎還不存在或者不成熟，但是不管怎樣，他們已經走上完全發展的道路；此時的生物還沒有同類物種的特徵，沒有力量，沒有抵抗能力，沒有爭鬥的生化武器，也沒有爲了生存必須最終獲得勝利的希望。此時，本能以一種神祕的母性形式和教育形式在暗暗地主導，祕密地創造。它拯救了軟弱的、沒有手段和力量進行自我救贖的生命。主導本能其中之一與母性有關，這種神奇的母性本能被法布爾和現代生物學家看作是生物生存的關鍵。另一種母性本能涉及個體的發展，對此，荷蘭生物學家德弗里斯在對生物敏感期的研究中做了論述。

儘管母親是物種的直接生育者，有絕大部分的保護作用，但是母性本能又不僅僅侷限於母親，父母都有母性本能，有時甚至擴展到整個生物群體。

更深入地研究母性本能，人們會發現，它是一種神祕的能量，與生物本身沒有必然的聯繫，作爲對物種的保護，它的存在甚至是沒有客體的，正如舊約《箴言》所說：「在宇宙萬物存在之前，我已經與你同在。」

因此，一般來說，母性本能被看作是物種存活的主導本能。在所有生物中，有一些特徵主掌了這個領域，是涉及成年生物生存的所有其他本能的綜合體現。兇猛的動物可以表現出非本性的溫柔體貼；鳥兒爲了覓食或躲避危險始終飛翔，但會停下來看護巢穴，在危險面前進行自衛而不會逃避。物種天生的本能因此突然改變了他的特徵。除此之外，在很多物種裡，還表現出建築和活動的本性，但是動物從不會爲自己建造，因爲成年動物已經適應了他們所處的自然環境。因此，這一物種保護本能使動物開始建築工作，目的是爲了新生幼仔準備庇護的巢穴。在建築過程中，每個物種和物種裡，各種類型的生物都有明確的本能主導。沒有一種動物遇到什麼材料就拿什麼材料，或者隨便在什麼地方都可以建築。不是這樣。本能的指令是確定和準確的。例如，各種鳥類築巢的方式有不同的特點。昆蟲界有更爲精彩的建築事例，蜂巢是完美的幾何建築，整個蜂群都在爲新生後代居住築巢。

還有一些例子，雖然不是那麼可觀，但也是非常有趣的。例如，蜘蛛也是傑出的建築者，牠不僅爲自己建築，同時爲敵人展開了一張稀疏的大網。但是，突然之間，蜘蛛徹底改變了自己的活動，忘記了敵人和自己的需要，開始編織小袋子，它是新的形狀和質地，精細而且緻密，完全不透水。蜘蛛的仔袋通常是雙層的，這使各種各樣的蜘蛛幼體能夠抵禦潮溼和寒冷。因此，蜘蛛有適應氣候的智慧，蜘蛛在仔袋裡可以安全產卵。令人奇怪的是，蜘蛛極其熱愛這個仔袋。人們透過在實驗室裡的一些觀察發現，黏黏的和灰色的，甚至很難找到心臟的小蜘蛛，面對仔袋遭到撕扯和破壞，會痛苦地死去。人們發現，蜘蛛盡可能地停留在仔袋上，如同仔袋是牠身體的一部分。因此，蜘蛛愛牠的仔袋，勝過牠所產的卵和破卵而出的小蜘蛛，甚至無視小蜘蛛的存在。本能使這位母親在爲同類物種進行工作，即使物種中的生命並非她直接的客體。因此，應該有一種「無客體本能」在不可遏制地發揮著作用，它意味著服從內部的指令，做她必須做的事，愛她應該愛的東西。

蝴蝶的一生都在採食花蜜，不會被其他東西和食物吸引。但是在產卵的時候，蝴蝶從來不把卵產在花上。牠有另外的指令。蝴蝶改變了牠覓食的本能，轉入另外一個環境，一個適應同類物種新生時的環境，因爲剛剛出生的後代需要不同的食物。然而，蝴蝶並不知道這種食物，就像牠不知道即將出生的後代一樣。但是，牠有大自然的指令，在牠本體之外的指令。儘管葉子是幼蟲將來的食物，但是瓢蟲和類似的昆蟲從不把卵產在葉子的上面，而是產在葉子的背面，因爲這樣卵可以得到保護。許多種類的昆蟲都有類似的「智力思考」，牠們從不採食爲後代選擇的食物。牠們僅僅在「概念」上知道幼體的食物，並且能夠預見到雨水和陽光的危險。

賦有保護新生生物使命的成年生物由此改變了他們的特點，改變了自己，就好像在某一個時間，統治生命的自然法則停止了，爲的是迎接自然界一個偉大的事情發生。

大自然存在著創造的奇蹟。正因如此，生物所做的某些事不是爲了生存，而可以說在爲這個奇蹟舉行典禮。

事實上，大自然一個最輝煌的奇蹟就是新生命的力量。新生命還沒有經驗、沒有方向，無法對外部世界進行自我保護，他們在「敏感期」受到部分本能的主導。這些本能主導他們不斷克服困難，又透過難以抑制的衝動時時使新生命重新煥發活力。大自然顯然沒有讓成年生命在保護新生命時，讓新生命去享受安逸。自然界有自己的指令並嚴格要求服從。成年生命只能夠合作，在主導本能作用的範圍內保護他的同類物種。很多時候，正如魚和昆蟲所表現的，成年生命和新生命的兩種主導本能背道而馳，相互獨立，也就是父母和子女在一生中從不謀面。而在高級動物之中，這種兩種主導本能得到協調的配合，母性本能和新生命「敏感期」的本能在父母和子女之間匯聚產生了有意識的愛，或是匯聚形成母系關係，並延伸到整個有組織的群體，爲同類的新生命進行活動（如同群體性生活的昆蟲、蜜蜂、螞蟻等）。

愛和犧牲並不是保護同類物種的原因，眞正的原因是主導本能的作用，它是創造生命這個宏大工程中最根本的基礎，所有物種的生存繁衍都在於此。

情感在幫助履行天賦的使命，並給生命爲絕對服從大自然的指令所付出的努力增添了特殊的快樂。

如果想要整體了解成年生命的世界，可以說，規律本身和那些最明顯的、被認爲是絕對和不可改變的自然規律會出現週期性的偏離。這些不可改變的規律被突破、被擱置，讓位於某種更高級的東西，在與其規律相反的事實面前低頭；也就是說，規律中斷了，爲了服從在同物種新生命中出現的新規律。只有這樣，生命才得到延續。中斷使生命煥發，使生命獲得永恆。

現在，我們可以自問：人應該如何滿足這些自然規律？都說人作爲一個至高無上的綜合體，整合了較他低等的生命所具有的各種自然現象，概括並超越了他們。而且，人反過來以其獨有的智慧，用想像、情感和藝術，爲較他低等的生命披上了一層閃亮的心理外衣。

那麼，人類的兩種生命又是以何種至高無上的面貌展現的呢？事實上，人類並沒有表現出兩種生命。如果我們在人類世界中尋找，我們應該說，能夠找到的是拼鬥、適應環境的努力、外在生活的痛苦。發生在人類世界的事實促使所有人去獲取和生產，好像沒有其他事情需要考慮。人的力量在競爭中碰撞和破碎。成人只以他自己的生活邏輯對待兒童，因此他們眼裡的兒童是不同和無用的人，因而讓兒童遠遠走開，或是透過人們所說的教育，努力地拉扯兒童直接併入他們的生活軌道。這時，成人的作用（非常可能）就好像一隻蝴蝶，要打破幼蟲的繭，讓幼蟲飛翔；或像一隻青蛙，把蝌蚪拉出水面，急切地讓蝌蚪用肺呼吸，並讓蝌蚪褪去牠不喜歡的灰色，換上綠色。

成人基本上就是這樣對待兒童的，成人在兒童面前展示他們自己的完美和成熟，用歷史人物作爲榜樣，要求兒童模仿。成人根本沒有想到，兒童身上不同於成人的特點恰恰說明，兒童需要一種不同的、適合兒童生命形式的環境和手段。

一個最高級的、最得到進化的、具有智慧的人，一個環境的統治者，一個充滿力量、能夠工作、與其他生物相比無可限量的高級生命，如此錯誤地理解幼小生命又該做何解釋呢？

他是設計師、建築者、生產者、環境的改造者，但他對自己孩子的所作所爲還不如蜜蜂、昆蟲或其他任何生命。

難道人類眞的完全缺乏生命形式中最爲原本和重要的主導本能嗎？難道面對萬物生命最令人震撼和決定物種存在的現象，人類眞的是麻木不仁和視若無睹嗎？

人應該能夠同樣感覺到類似其他生命感覺到的東西，大自然的一切都在變化，卻沒有什麼被毀滅，特別是能量，它是永恆不滅的，即使客體偏離，能量依然存在。

人作爲一個建築者，應該在哪裡爲兒童建築呢？在建築的工程中，人應該用最高的藝術形式進行表現，它不應該受到任何外部要求的影響。只要有慷慨的愛，就能夠聚集非生產用的財富。有那樣一些地方，人感覺到需要拋棄一貫的性格，能夠領悟到維繫生命最重要的部分不是鬥爭，鬥爭並不是來自內心深處的眞理，勝過他人也不是生存的祕訣，拋棄自我才能眞正得到重生。難道就沒有一個地方能夠讓心靈打破與外界事物牢牢拴在一起像鐵鐐一般的法則嗎？難道就沒有尋找奇蹟的渴望，爲了生命的延續，求助奇蹟的需要嗎？難道對於個體生命之外、對於能夠超越生命、走向永恆的事物就沒有遠大的抱負嗎？這才是救贖的道路。人需要放棄令他身心疲憊的理論，自願相信這種救贖。

這些都是人應該具備的情感，尤其是當他的幼小生命出生的時候，在其他生物身上發生的規律中斷和所有本能的綜合體現，都應該在人的身上得到反映，只有這樣才能夠推動生命達到永恆。

是的，的確存在著這樣的地方。在那裡，人不再感覺必須獲取，而是需要淨化和單純，人也由此渴望簡單和祥和。在那種純潔平和之中，人尋找生命的復興，一種來自壓抑世界的重生。

是的，在人類之中，應該有偉大的情感，它應該與平凡生活中的情感截然相反和不同。這是神聖的聲音，任何事物都不可能將它平息。它在召喚人們，召喚人們聚攏在兒童身邊。

第四十六章　兒童教師

發現人的主導本能是當今時代應該研究的重要內容之一。我們已經從零開始了研究，這就是我們的貢獻。一個新的研究領域已經開闢，目前所取得的成果證明的確存在這些主導本能，它同時爲未來研究的方法做了初步說明。

只有在正常兒童身上才有可能進行研究，因爲他們自由地生活在一個適合他們成長發展需要的環境裡，這時新的個性便能夠非常清晰地表現出來，正常的個性特徵成爲無可爭辯的事實。

在教育和人的社會組織這兩個不同的領域裡，無數的經驗證明了同樣一個事實。很明顯，如果說人的社會組織存在著一種有別於人們所了解的本質，那麼它就應該是不同的，而教育能夠爲我們提供使成人社會正常化的手段。這種形式的社會改革不應該取決於個別組織者的思想或能力，而取決於改革是否能夠促使一個新世界從舊世界中不斷漸進地脫穎而出，這就是兒童和青少年的世界。從目前這個世界中，應該漸漸提取新的發現和社會正常生活所必須的自然指令。在這個壓制兒童的世界裡，設想或希望用空想的改革或個人的能力就可以填補如此之大的空白，是非常荒謬的。

如果所有的人變得越來越「不正常」，人在童年時代不能按照自然的指令發展，那麼，就可能發生難以挽回的心理偏離，由此導致的錯誤將無藥可醫。

能夠幫助人類的力量，潛藏在兒童身上。

現在應該開始重新「了解你自己」[1]。所有生物科學用現代醫藥和衛生健康理論努力改善人的肌體生命，實現了人體衛生健康的文明進步，「了解你自己」正是生物科學的出發點。

然而，在心理領域，人還沒有了解自己。人最初對「了解你自己」的人體研究是透過解剖人的屍體，而人最初對「了解你自己」的心理研究則是透過新生兒，透過活的生命。

如果沒有這些基本考慮，人類就不會存在走向進步、走向文明發展延續的通途，所有的社會問題都將難以解決，包括現代科學教育的問題，因爲完善的教育只有一個基礎，就是兒童的正常化。

成人也應該同樣開始正常化的進程。他們身上唯一眞正存在的問題是需要「了解你自己」，即了解引導人心理發展潛藏的規律。然而，對於這個問題，兒童在沿著正常化的實踐道路前進時已經解決。如果偏離這條道路，則看不到存在如何救贖的方法。心理偏離而貪圖權勢的人是可以擁有各種各樣好的東西，但是好的東西在被實踐之前就已經被摧毀了，轉變成了對人生命有害的東西。好的東西，比如進步和發現，增加了對世界的困擾，機器說明

---

① 作者引用拉丁語Nosce te ipsum。這句話最早出自古希臘太陽神阿波羅的神諭。意思是：你只有了解自己，才能了解絕對眞理。——譯者注

了問題，雖然機器對我們來說是最現實的社會進步。任何能夠促進文明提高和社會進步的發明創造也同時被用於破壞、戰爭和聚斂財富的工業。物理、化學和生物學的進步以及交通工具的改善，只是增加了破壞、貧窮、被野蠻征服的危險性。因此，我們不應該對外部世界抱有幻想，我們必須最終認識到，只有人的正常化才是社會生活應該達到的根本目標。只有這樣，外在的進步才能給人們帶來福祉和最完美的文明。

與此同時，我們應該視兒童爲我們未來生活的命運主宰。無論誰想爲社會帶來裨益，都必須激勵兒童，不僅爲了使兒童擺脫心理的偏離，還應該以此了解我們生命的眞諦。在這一點上，兒童的形象是強大和神祕的，我們應該對此進行思考，並讓兒童當作我們的教師，因爲在兒童身上隱藏著我們人性的祕密。

第四十七章　父母的使命

父母不是兒童的建設者，而是守護者。他們應該更深入地保護和照顧兒童，如同承擔了一項神聖的使命，它超越了所有利益和外在生活中的觀念。父母是超自然的守護者，就像基督教裡的守護天使，天使僅僅直接服從天意，比任何世俗的權威還要強大，而且與兒童緊密結合在一起，無形地保持著他們之間牢不可破的關係。爲了履行這一使命，父母應該像大自然般地純潔賦予他們心中的愛，理解這種愛是意識裡最深厚的感情，不應該受到自私或懈怠的影響。父母應該明白和積極面對時代提出的社會問題，爲使兒童的權利得到普遍承認而進行努力。

近些年來，人們經常談論人權，特別是工作者的權利。但是，如今應該是社會討論兒童權利的時候了。工作者的社會問題對於社會變革是極其重要的，因爲人唯一依靠人的工作生活，因此整個人類有形的生存都取決於這個問題。然而，如果說工作者在生產人所需要消費的東西，在外部世界進行著創造，那麼兒童則在塑造人類本身，顯然他們更有權力要求社會變革。很明顯，爲了人類未來能夠獲得更大的能力和可能性，社會應該不惜一切地給兒童提供最完善和最理性的照顧。

忽視和忘卻兒童的權利，折磨和踐踏兒童，無視兒童的價值、權利和本性，應該遭到全人類最強烈的反對。

第四十八章　兒童的權利

直到最近，更準確地說是直到二十世紀初，社會才開始關注兒童。過去，人們一直忽視兒童，兒童僅僅由家庭來照顧。唯一對兒童的保護是父權，它是兩千年來古羅馬法遺留下的產物。在如此漫長的歷史過程中，涉及成人法律的發展使文明有了長足的進步，但是兒童卻完全沒有得到社會的保護。只有他們所在的家庭給了他們物質、精神和智慧上的需要。如果一個家庭不具備任何技能，那麼兒童只能生活在物質、精神和智慧的貧乏之中，而社會對此絲毫沒有感覺到應該負有責任。社會也沒有要求家庭對兒童做好準備或提供保障。國家如此嚴格規範各種條文，喜愛繁文縟節，熱衷理順最細微的社會責任，但就是一點也不想去了解那些未來父母的能力，不關心適時保護子女的成長發展。國家也從來沒有適當地指導父母如何做好準備。

誰想建立一個家庭，只要向國家履行唯一的義務，即舉行結婚登記儀式就足夠了。不僅如此，我們可以相信，自古以來，社會就根本沒有關心過這些幼小的工作者，但大自然卻賦予了他們塑造人類的使命。與不斷取得進步的成人相比，兒童卻被遺忘，如同被流放。

如果社會不予重視，兒童有可能成爲罪惡的犧牲品。半個多世紀以來，科學已經注意到這個問題，醫學開始關注兒童的健康。在此之前，兒童被拋棄的處境更爲嚴重，沒有專門的兒科醫生，也沒有專門的兒童醫院。只有當統計數字顯示出嬰兒出生頭一年平均死亡率極高時，人們才深感問題的嚴重性。當時人們發現，雖然有很多的嬰兒出生，但存活的卻很少。那時，嬰兒死亡被看作是很自然的事情，以致父母對此已經習以爲常，人們普遍的看法是這些孩子實際上沒有死亡，而是升入了天堂。爲此，人們做好了精神上的準備，接受和聽從上帝的旨意和天使的召喚，因爲是上帝希望這些孩子到他的身邊。那時，許多嬰兒因爲愚昧和缺乏照顧而死亡，那個現象當時被稱爲「無辜的正常殺戮」。

當人們意識到事實的眞相後，便立即開始組織廣泛的宣傳，在人的意識裡喚起了新的責任感。人們相信，父母給了子女生命是不夠的，還必須用科學指引的方法拯救他們的生命。父母必須爲子女安排新的環境，接受兒童衛生健康的指導。

然而，兒童還不僅僅在家庭環境裡遭受了痛苦，在學校裡進行的科學觀察更深刻地揭示了兒童的苦難。那是在十九世紀最後十年裡，醫學發現並研究了工作者的職業疾病，初步闡述了社會工作衛生學的理論，爲工作者爭取權利的抗爭奠定了良好的基礎。人們也認識到，除了缺乏衛生所導致的傳染性疾病，兒童也同樣因爲他們自己的工作承受著疾病的影響。

它發生在學校裡，兒童必須面對社會規範的折磨。狹小的胸部不得不長時間伏在課桌上讀書和寫字，使他們更容易感染上肺結核；強制的姿勢使脊柱彎曲；長期在光線不足的情況下用眼導致近視；還有，長期處在擁擠狹小的地方，使他們整個的身體變形並感到痛苦。

但是，折磨不僅是身體上的，它還延伸到心理層面上。兒童的學習壓力很重，他們處在厭倦和恐懼之中，身心疲憊不堪。他們心中充滿了他人的偏見，充滿了沮喪、抑鬱和所受的傷害，他們缺乏信心，失去兒童應有的歡樂。

父母沒有注意到這種情況，他們只關心孩子能夠通過考試，儘快地得到教育，爲的是節省時間和金錢。父母並不關心教育和子女知識水準的提高，他們只是爲了回應社會的需要，一種外部的責任在重壓他們，讓他們付出金錢。因此，重要的是讓兒童以最短的時間獲得進入社會的通行證。

那個時期對學校的調查還揭露了其他令人震驚的事實。一些兒童在上學之前，已經走了幾公里的路爲客人去送牛奶，還有一些兒童先要到街上賣報，或者先要在家裡工作。所以，他們到學校後已經又餓又困，只想著能夠休息。但是，這些不幸福的兒童卻因爲不注意和不明白老師的講解而遭受懲罰。老師出於責任，甚至權威，用斥責的方法強迫那些已經疲憊的兒童集中精力。另外，老師還在其他同學面前羞辱這些兒童，認爲其無能和意志軟弱。因此，這些不幸的兒童只能在家庭的剝削和學校的懲罰中度日。

早期的調查揭露了許許多多不公正的事實，引起了社會強烈的反應，使學校和學校的規章制度迅速得以改正。醫學的一個嶄新和重要的分支產生了，這就是「學校衛生學」，它在所有文明國家的公立學校裡有著保護和恢復兒童健康的作用。如今，醫生和教師在爲兒童的利益進行共同努力，這就是社會對於人類由來已久和輕率錯誤的第一次懲罰，它也是社會對兒童救贖邁出的第一步。

回顧過去，在人們第一次覺醒之前的整個歷史進程中，還從來沒有過承認兒童權利或領悟其重要性的明顯事例。然而，耶穌在向成人指引天國之路和喚醒成人走出愚昧的時候，已經提到了兒童，他說：「如果你們不改變，不能像孩子一樣，你們就不能進入天國。」但是，成人卻仍然繼續只想著如何改變兒童，把自己當成最完美的榜樣。這種可怕的愚昧完全不可救藥。人的靈魂不可思議。這種愚昧是普遍現象，像人類本身一樣歷史久遠。

事實上，從古至今，在所有教育的理念和所有的教育中，教育一詞始終是懲罰的代名詞，教育的目的是爲了讓兒童屈從於成人，成人代替了自然，成人的目的和意願成爲兒童生活的法則。《聖經》所羅門〈箴言〉篇中，也向人們說明了教育者的義務：「不要對你們的孩子吝惜棍棒。」因爲吝惜棍棒意味著厭惡你們的孩子，也就是把你們的孩子打入了地獄。

幾千年過去了，情況並沒有發生很大改變。在每個國家裡都有懲罰兒童不同的方法。在寄宿學校裡，經常使用的懲罰方法是在兒童胸前掛上一塊羞辱性的牌子，把驢子一樣的耳朵戴在兒童的頭上，或者把兒童放在一輛車前，讓他被過往的人侮辱和嘲笑。其他一些則是眞正的體罰，比如在教室的角落裡長時間面牆罰站。這樣，兒童看不到周圍，而且什麼也不能做，便會感到疲勞和苦悶。

另外一種懲罰是讓兒童裸露膝蓋跪在地上，或是當眾被鞭打。在現代，一個理想化的原則對殘酷的懲罰方法做了微妙的改進，它打著教育的幌子把家庭和學校聯繫在一起，這個原則就是組織學校和家庭共同懲罰和折磨學生。學生在被學校懲罰後，回家後必須把事情告訴父母，父親因此會站在老師那一方繼續斥責和懲罰孩子。之後，孩子必須把帶有父親簽字的憑證帶回學校，證明事情已經被告知，另一個懲罰者知道了情況，而且在原則上與所有懲罰他的孩子的人保持了一致立場。

在這種情況下，兒童失去了保護的可能。他們能像那些由於犯罪而被判刑的人嗎？他們能向哪一個法院上訴？對兒童不存在上訴法院。

那麼，能夠撫慰兒童的愛在哪裡？它不存在。學校和父母一致同意懲罰兒童，否則，懲罰將不足以有著教育的作用。

然而，父母不需要學校提醒他們去懲罰孩子。最近有關在家庭裡懲罰兒童的調查（其中一次是國際聯盟附屬的教育學院發起的調查）結果顯示，直到今天，沒有一個國家不存在父母懲罰孩子的情況。這些懲罰包括粗暴的喊叫、侮辱性的言詞、打耳光和拳打腳踢，把孩子關進暗室嚇唬他們，威脅要用更可怕的懲罰，剝奪孩子小小的娛樂和消遣；而比如說與其他孩子一起玩耍，或者吃甜食和水果，則正是這些小奴隸唯一可以逃避的場合和對不願意承受的諸多折磨中所能夠得到的唯一補償。另外，還有把不讓孩子吃飯作爲家庭的懲罰，尤其是在晚上：「馬上上床睡覺，不許吃飯！」這樣孩子睡覺時就會整夜難過和不高興，而且還要忍饑挨餓。

儘管在一些進步和自覺的家庭裡，使用懲罰的手段正在迅速地消除，但是懲罰並沒有完全消失。成人仍然普遍用粗暴的方法和尖聲厲嚇對待兒童，他們認爲懲罰兒童是成人天賦的權利，母親也把打孩子耳光看作是應該的。

由於成人體罰兒童踐踏了人的尊嚴，是社會的恥辱，最終被禁止了。但是，難道還有什麼比傷害和毆打孩子更粗野的行爲嗎？

很明顯，人類的覺悟仍沉睡在夢意之中。

文明的進步如今已經不再取決於個人的進步，不再是出自人類精神的火花，它就像一臺沒有感情的機器受外部力量的推動在運轉。它的動力來自外部環境，來自整個社會，是一股強大的、非人本身的力量在無情地發揮著作用。向前、一直向前！

社會就像一列長長的、高速行進的火車，在奔向遙遠的目標，社會裡的每一個成人都可以比作是在包廂裡熟睡的旅客。覺悟沉寂在夢中，而夢成爲阻斷獲得必要幫助和拯救眞理的最大障礙。否則，世界將取得更快的進步，在運輸工具日益加快速度與人的精神日益冷漠僵化之間，就不存在危險的反差。社會變革的目的是促進整體的進步，每場變革的第一步也是最艱難的一步，就是要頑強地喚起人類沉睡的覺悟，讓他們聆聽召喚的聲音。今天，整個社會必須想著兒童，想著兒童的重要性，必須立即把他們從巨大和危險的深淵中拉上來。這個深淵應該消失，人們應該建立一個適合兒童的世界，承認兒童的社會權利。社會所犯的一個最大錯誤是在浪費金錢，它們本應該被用在兒童的利益上，但卻被用於摧毀兒童和摧毀自己。社會是兒童的保護者，但這個保護者卻在揮霍不屬於自己而是屬於兒童的財富。成人爲自己花費和建設，然而大部分的財富明顯應該用於兒童。這是生命本身固有的眞諦，它在所有的動物，甚至在最低等的昆蟲身上都有所表現。爲什麼螞蟻要貯存食物？爲什麼鳥兒要覓食並帶回巢穴？在自然界裡，沒有任何成年動物吃掉所有東西，把自己的後代拋棄在饑餓之中。

成人對兒童什麼也沒有做，他們僅僅是維持兒童的植物性生命。當揮霍浪費的社會急需金錢的時候，就會從學校攫取，尤其是保護生命幼芽的兒童學校。社會在從聽不到辯護聲音的地方攫取金錢。這就是人類最醜陋的罪惡和最荒謬的錯誤之一。當被攫取的金錢用於製造破壞性武器的時候，社會也根本沒有意識到在製造雙重的毀滅，即一方面消滅了生命，另一方面不許生命生存。這兩個事實都出自同一個錯誤，既然社會沒有積極促進生命的發展，那麼人只能以不正常的方式成長。

因此，人們有必要重新組織起來，這次不是爲了自己，而是爲了他們的子孫；有必要爲兒童的權利大聲疾呼，呼籲被愚昧所蒙蔽的權利，而且一旦權利得到確立，就要堅定不移地執行。如果說，社會曾經是背叛兒童的保護者，那麼它應該還給兒童財富，讓兒童獲得正義。

父母的使命是極其重要的，因爲他們擁有組織起來的方式，可以在社會生活中發揮現實的作用，他們不僅能夠，而且應該拯救子女。他們的覺悟應該轉化爲行動的力量，因爲大自然賦予了他們使命，使他們站在了社會的最前列，使他們能夠支配所有的物質條件，他們的手中掌握著人類的未來，這就是生命。如果他們不去做，他們就會像彼拉多一樣。

彼拉多本來可以解救耶穌，但他沒有去做。眾人出於成見和對當時法律和習俗的偏執，要求處死救世主，彼拉多卻表現得猶豫不決和懈怠。

彼拉多在想：「我該怎麼辦？如果這些都是最重要的習俗……」於是，他洗了手。

他本來有權說：「不行，我不同意！」但他什麼也沒有說。

如今的父母在社會習俗面前就像彼拉多一樣，這種習慣勢力非常強大，成爲一種必須。由此產生了一場對兒童的社會悲劇。社會沒有感覺到責任，把兒童拋給家庭照顧，而家庭又把他們交給社會，社會又推給了學校。

這樣，兒童在重複上演著耶穌的悲慘境遇。耶穌在希律王和彼拉多兩人的權力之間被推來推去，兩個人都想把責任推卸給對方。

沒有任何一種聲音在呼籲保護兒童。然而，的確存在一種聲音，應該爲保護兒童疾呼，它是血肉之聲，代表著生命的力量，是父母的人性力量。

當父母重新覺醒時，他們將不再像彼拉多一樣，想保護彌賽亞，卻又否定了自己的權威，讓人鞭笞他，又第一個羞辱他說：「就是這個人。」①

歷史記載了這個事實，是第一個熱愛耶穌但又不保護耶穌的故事。

就是這個人

兒童將走過耶穌受難的歷程。

然而，一切的開始都在於「就是這個人」。這時的人心中還沒有上帝，像一個空虛的人，但已經被本應保護他的上層權威羞辱和鞭笞。

之後，他又被更多的社會權威拖入到痛苦之中。

學校就是最令兒童痛苦的地方。那些高大的建築物像是爲了容納很多成人而建造的。所有的一切，門窗、長長的走廊、光禿禿的一模一樣的教室，都只適合成人使用。在學校裡，兒童世世代代穿著像喪服一樣統一的黑色校服。父母把他們一個人丟在學校的門口，學校的大門如同一道防衛的屏障，明確劃分了兩個陣營和兩種責任。兒童淚盈滿面，失去了希

---

① 作者引用了拉丁語Ecce homo，是彼拉多迫於希伯來人的壓力，在鞭笞耶穌之後對希伯來人所說的話。意思是：就是這個人，你們看到了吧，我已經懲罰了他。在天主教傳統中，這句話代表著一種不情願的肯定。——譯者注

望，心中充滿著恐懼，好像在校門上讀到了但丁刻寫在地獄大門上的話：「我在進入痛苦的城市……」這個城市裡居住著迷途之人和被上帝拋棄的人！

一個嚴厲和恐嚇的聲音在招呼兒童和很多陌生的同學一起走進學校。他們都被當作壞人，需要得到懲罰。

「活該，你們這些邪惡的小孩子！」

但是，他們還能去哪裡呢？

他們必須按照發號施令者的意志去那裡。他們已經被歸類，有些人甚至像米諾斯②，把繩索套在被詛咒人的頭上，並指明他們最後的歸宿。一年級、二年級、三年級或者四年級，他們要永遠地忍受懲罰，而且無法逃避。

兒童一旦進入被分配的教室，老師便關上了門。從那一刻起，老師就是主人，她可以支配那一組小小的心靈。沒有證人，也沒有可能上訴。

家庭和社會把兒童交給了有權威的老師。人們把值得憐愛的種子拋向空中，風把他們吹落在地上，顫抖和弱小的四肢被釘在座位上，必須痛苦地熬過三個多小時，然後又是三個小時，更多的三小時，幾天、幾個月和幾年。

② 米諾斯（Minos），希臘神話中宙斯和歐羅巴的兒子，死後做了冥界的判官。——譯者注

就是這個兒童，拴在課桌後面，在嚴厲的目光下，強迫自己放好兩隻小腳和兩隻小手，並且保持不動，就像耶穌的身體，被永遠地釘在十字架上。兒童的腦袋裡渴望獲得知識和眞理，但卻無時無刻不被強迫或以老師認爲最佳的方式被灌輸著老師的思想，幼小的腦袋被迫屈從，像是戴著荊棘編織的冠冕，流淌著鮮血。

由於世界對他不理解，他充滿摯愛的心像被利劍刺穿。他好像感覺到，給予他所渴望的文化知識帶著苦澀。

心靈的墳塚已經爲他準備就緒，因爲他不能生活在如此多的機巧詭詐之中，當心靈被埋葬的時候，將有無數的人看守著墳塚，不讓心靈得到復生。

然而，兒童仍將復生並重返世界，滿懷朝氣和微笑地生活在人們中間。

正如愛默生[③]所說，兒童是永恆的彌賽亞，他始終能夠回到墮落之人群中間，引導他們走入天國。

---

③ 愛默生（Ralph Waldo Emerson, 1803-1882），美國散文作家、思想家、詩人、演說家，美國十九世紀新英格蘭超驗主義文學運動領袖。——譯者注

蒙特梭利年表

年代	生平記事
一八七〇	八月三十一日出生於義大利的安科納省基亞拉瓦萊（Chiaravalle）。
一八七五	蒙特梭利全家搬至羅馬。
一八九二	就讀於羅馬大學醫學院，成為義大利第一位進入醫學院就讀的女性。
一八九六	・以優異成績畢業於羅馬大學，成為義大利的第一位女性醫學博士。 ・代表義大利全國婦女團體，參加在柏林所舉行的國際性婦女會議，會中傑出表現，成為各國媒體爭相報導的對象。
一八九八	・任職國立特殊兒童學校校長。 ・在杜林的教育會議中發表演說「社會的不幸與科學上的新發現」。 ・三月三十一日，蒙特梭利的兒子馬利歐（Mario）出生，父親為蒙特塞諾醫生。
一八九九	・在羅馬舉行一系列關於精神障礙兒童的教育演說。 ・在此時期發展出針對語言課程和數學特別的教學法。
一九〇一	開始研修人類學、心理學和教育哲學的課業。
一九〇四	在羅馬大學被推選為人類學的教授。

一九〇七	・蒙特梭利發展出人類生物學的理論，並且根據實際實驗，奠定神經精神病學的基礎。 ・在羅馬成立第一所「兒童之家」。
一九〇九	《學齡前的兒童自動教育》出版。
一九一〇	・《蒙特梭利教學法》在義大利出版。 ・蒙特梭利協會在羅馬成立。
一九一一	・英國第一所「兒童之家」與蒙特梭利協會成立。 ・美國第一所「兒童之家」在紐約成立（創辦人為貝爾女士）。 ・蒙特梭利辭去大學教職與醫生工作，全力投入兒童教育工作。
一九一二	《蒙特梭利教學法》英譯本出版。
一九一三	・《教育人類學》出版。 ・一九一三年起，在北美形成一股對蒙特梭利教學法的熱潮。
一九一四	・「兒童之家」在荷蘭成立。 ・《蒙特梭利手冊》出版。
一九一五	蒙特梭利在美國舊金山舉行的世界博覽會中，「蒙特梭利班級」以玻璃為牆，讓人們參觀兒童的工作情形，獲得金牌獎。

一九一六	《針對學童的蒙特梭利教育法》出版。
一九一七	《高級蒙特梭利教學法第一卷：教育的自發性活動》、《高級蒙特梭利教學法第二卷：蒙特梭利初等教具》出版。
一九二二	「兒童之家」在維也納成立。
一九二六	在荷蘭阿姆斯特丹成立「蒙特梭利中學」。
一九二九	·發表文章「宗教教育」。 ·國際蒙特梭利協會在柏林成立。 ·第一屆國際蒙特梭利會議在丹麥舉行。 ·《教會中的小兒女》出版。
一九三三	《對兒童講解彌撒》出版。
一九三六	《童年的祕密》出版。
一九三八	《兒童是與衆不同的》出版。
一九三九	第二次世界大戰爆發，避居印度，蒙特梭利與馬里奧第一次在印度開設訓練課程。
一九四一	《兒童》出版。
一九四三	《和平與教育》、《大地的兒童及大學的功能：青春期與其後教育的改革》出版。

一九四六	《新世界的教育》出版。
一九四七	倫敦蒙特梭利中心成立。
一九四八	《吸收的心智》、《發現兒童》、《教育人類的潛能》、《關於你的孩子，你應該知道些什麼？》、《教育的重建》出版。
一九四九	蒙特梭利被提名諾貝爾和平獎（一九五〇、一九五一年同樣獲提名）。
一九五〇	榮獲阿姆斯特丹大學榮譽博士。
一九五二	五月六日病逝於荷蘭，享年八十二歲。

名詞索引

二畫

三畫

四畫

五畫

八畫

九畫

十畫

十一畫

十二畫

十三畫

十四畫

十五畫

經典名著文庫 005

童年的祕密

作　　者 —— 蒙特梭利（Maria Montessori）
譯　　者 —— 梁海濤
發 行 人 —— 楊榮川
總 經 理 —— 楊士清
總 編 輯 —— 楊秀麗
文庫策劃 —— 楊榮川
本書主編 —— 黃文瓊
特約編輯 —— 陳裕鑫
責任編輯 —— 李敏華
封面設計 —— 姚孝慈
著者繪像 —— 莊河源
出 版 者 —— **五南圖書出版股份有限公司**
地　　址 —— 臺北市大安區 106 和平東路二段 339 號 4 樓
電　　話 —— 02-27055066（代表號）
傳　　眞 —— 02-27066100
劃撥帳號 —— 01068953
戶　　名 —— 五南圖書出版股份有限公司
網　　址 —— https://www.wunan.com.tw
電子郵件 —— wunan@wunan.com.tw

法律顧問 —— 林勝安律師
出版日期 —— 2017 年 12 月初版一刷（共三刷）
2023 年 9 月二版一刷
定　　價 —— 480 元

國家圖書館出版品預行編目資料

童年的祕密 / 蒙特梭利(Maria Montessori)著;梁海濤譯. --
二版. -- 臺北市 : 五南圖書出版股份有限公司, 2023.09
面 ; 公分. -- (經典名著文庫 ; 5)
ISBN 978-626-366-334-3(平裝)

1.CST: 學前教育　2.CST: 蒙特梭利教學法
3.CST: 兒童心理學

523.23　　112011411